Pas à Pas en arts plastiques

5 PARCOURS ARTISTIQUES pour la maternelle

- Premiers gestes en peinture
- Rouge, jaune, bleu
- Mélanges de couleurs
- Modeler avec de la terre
- Mosaïques

Élisabeth Doumenc

HACHETTE Éducation

L'auteur

Élisabeth Doumenc, après des études de lettres et arts, est nommée institutrice en 1974. Elle devient maître formateur dès 1979. En 1988, après avoir passé un CAFIMF en arts plastiques, elle suit une formation mise en place au niveau national par Daniel Lagoutte (chargé de mission auprès du ministre). Elle occupe depuis 1989 le poste de conseillère départementale en arts visuels chargée de la formation continue et initiale en Ariège.
Très active dans le monde de la recherche pédagogique, elle est membre de l'AGIEM. Elle collabore à de nombreuses revues pédagogiques (*DADA*, *L'École libératrice*, *Échanges* de l'ANCP, publications institutionnelles diverses...) et a publié différents ouvrages sur les arts visuels.

Élisabeth Doumenc poursuit parallèlement une carrière d'auteur de littérature de jeunesse.

Maquette intérieure et de couverture : Pascal Plottier
Réalisation et photogravure : Cursives

Crédits photographiques :
Premiers gestes en peinture : É. Doumenc. Sauf **p.29 a** : (c) Photo CNAC / MNAM Dist. RMN - © Philippe Migeat ; © Adagp, Paris 2006 ; **p. 29b** : Coll. les Abattoirs, Toulouse © G. Mathieu ; photogr. P. Galibert Dist. ; **p. 32 a** : (c) Photo CNAC / MNAM Dist. RMN - © Philippe Migeat ; © Adagp, Paris 2006 ; **p. 32b** : © Courtesy galerie Jean Fournier, Paris ; © ADAGP, Paris 2006 ; **p. 40 a** : (c) Photo CNAC / MNAM Dist. RMN ; © Adagp, Paris 2006 ; **p. 40 b** : (c) Photo CNAC / MNAM Dist. RMN ; © Adagp, Paris 2006 ;
p. 45 a et b : © Simon Hantaï ; (c) Photo CNAC / MNAM Dist. RMN - © Philippe Migeat ; **p. 54** : Photo MNAM / © Hans Namuth DR.

Rouge, jaune, bleu : É. Doumenc. Sauf **p.64a** : © PhotExpress - Dijon ; **p. 64b** : © Centre Georges-Pompidou/photo Nicolas Tourlière ; **p. 65a** : © Yolande Fièvre/photo Jean Planche pour *Artension,* DR ; **p. 65b** : © Daniel Spoerri/CNAC ; © ADAGP, Paris 2006 ; **p. 66 a et b** : © photo Soktha Tang ; © Adagp, Paris 2006 ; **p. 67a et b** : © Guy Limone DR ; **p. 74 a** : (c) Photo RMN ; © Sucession Picasso 2006 ; **p. 74 b** : (c) Photo RMN - © Hervé Lewandowski ; © Adagp, Paris 2006 ; **p. 75a** : © Bridgeman - Giraudon ; **p. 75 b** : © Kelly Ellsworth ; (c) Photo CNAC / MNAN Dist. RMN ; **p. 76 a** : (c) Photo CNAC / MNAM Dist. RMN - © Jacques Faujour ; © Adagp, Paris 2006 ; **p. 76 b** © Otto Freundlich ; (c) Musées de Pontoise (Tavet et Pissarro).

Mélanges de couleurs : É. Doumenc. Sauf **p. 105a** : © photo Soktha Tang ; © Adagp, Paris 2006 ; **p. 105 b** : © Tony Cragg ; (c) Photo CNAC / MNAM Dist. RMN ; Photo Adam Rzepka © Adagp, Paris 2006 ; **p. 112 a** : (c) Photo RMN - © Hervé Lewandowski ; **p. 112 b** : (c) Photo RMN - © Hervé Lewandowski ; © Adagp, Paris 2006 ; **p. 113a** : © Bridgeman - Giraudon ; **p. 113b** : © Bridgeman - Lauros - Giraudon ; **p. 114a et b** : © Guy Limone/Galerie Emmanuel-Perrotin/photo Marc Domage.

Modeler avec de la terre : É. Doumenc. Sauf **pp. 139, 140a et 140b** : © Daphné Corregan ; **p. 141 a** : (c) Photo RMN - © Gérard Blot ; © Succession Picasso 2006 ; **p. 141b** : © Adagp, Paris 2006 ; photogr. Studio MarcoPolo.

Mosaïques : É. Doumenc. Sauf **p. 169** : Photo Josse ; **p. 170a** © Renaud Visage / AGE FOTOSTOCK / Hoa-Qui ; **p. 170b** : © Patrick Escudero / Hoa-Qui ; **p. 171a et b** : © CNDP / Claude Criloux ; **p. 172** : © Adagp, Paris 2006 / DR ; **p. 185a** : Photo Josse ; **p. 185b** : © L&M SERVICES B. V. Amsterdam 20051207 ; **p. 190** : DR.

www.hachette-education.com

I.S.B.N. 2.01.17.0910.5

SOMMAIRE

LES PROGRAMMES OFFICIELS

OBJECTIFS DE L'ENSEIGNEMENT DU DOMAINE « LA SENSIBILITÉ, L'IMAGINATION, LA CRÉATION »

« L'école maternelle installe et développe chez l'enfant une pratique créative à partir de situations qui sollicitent son imagination, l'amènent à exercer sa capacité d'invention, à enrichir ses formes d'expression. […] Les situations mises en place visent à faire acquérir des compétences fondamentales : ajuster ses gestes en fonction d'une intention, percevoir et reconnaître les effets plastiques obtenus, modifier et affiner son action. […] La constitution d'une première culture artistique dans ce domaine s'opère au travers des rapprochements entre les productions des élèves et les œuvres d'art introduites sous différentes formes. […] Les œuvres et les artistes proposés viennent en appui d'une expérience concrètement vécue. […] Dans la conduite de chacune des activités, l'expression orale joue un rôle essentiel. »

Horaires et programmes d'enseignement de l'école primaire, BO hors série n° 1 du 14 février 2002, MEN, pp. 35-36.

Trois domaines distincts dont il faut tenir compte dans une programmation sur l'année et pour chaque séquence

- **Faire :** se confronter à des matériaux, des supports, des outils, les combiner, expérimenter des techniques, les exploiter de façon réfléchie, inventer des procédés.
- **Regarder :** connaître des œuvres d'art, comparer ses propres procédés avec ceux des artistes, mettre en relation les œuvres entre elles.
- **Évaluer :** se donner des critères d'appréciation des réalisations, les valoriser, les exposer.

Et un domaine transversal, celui du langage

- **S'exprimer :** évoquer les matériaux, les outils, les médiums, les procédés utilisés, constater les effets produits, exprimer les sensations éprouvées, mettre en relation son travail avec celui des artistes.

Points du programme traités dans ces séquences

- **Les compositions plastiques**

« Au-delà des réalisations graphiques, les élèves découvrent d'autres procédés techniques d'expression, de fabrication et de manipulation des formes, en deux ou trois dimensions : peinture, papiers collés, collage en relief, assemblage, modelage, etc..
Ces activités permettent à l'enfant de :
– explorer et exploiter les qualités et les ressources expressives des matériaux […] ;
– transformer des matériaux en ajustant progressivement son geste en fonction de leurs qualités physiques et plastiques. […] ;
– combiner des formes, des matières, des couleurs, des matières et des objets. […] ;
– réaliser une composition en plan ou en volume, à partir d'une consigne, d'un désir d'expression, d'un projet de figuration, etc. […] »

Horaires et programmes d'enseignement de l'école primaire, op. cit., p. 36.

- **Les collections et les musées**

« Une collection, un musée de classe peuvent être constitués à partir d'un projet ou en lien avec les moments exceptionnels de la vie de la classe. Cette collection est l'occasion de faire exister concrètement une culture commune à l'ensemble du groupe. Les œuvres qui sont données à voir et à comprendre permettent des liens avec les réalisations des enfants. »

Horaires et programmes d'enseignement de l'école primaire, op. cit., p. 37.

- **Les activités de création et le langage oral**

« L'activité sensorielle s'appuie sur le langage qui aide à nommer les sensations et à établir progressivement des relations entre elles. Le langage oral qui accompagne l'action permet la mise en mots et l'objectivation de l'expérience. […]
Les activités de création offrent à l'élève des situations où s'associent les désirs de faire, voir, penser et dire. »

Horaires et programmes d'enseignement de l'école primaire, op. cit., p. 37.

L'ÉLABORATION DE CONCEPTS À L'ÉCOLE

LES ARTS VISUELS COMME LES AUTRES DISCIPLINES ÉLABORENT DES CONCEPTS

L'école vise, chez l'enfant, l'élaboration à long terme de concepts. Il faut donc développer chez lui la faculté d'abstraire, de généraliser, de passer de situations concrètes variées à une « *représentation mentale abstraite* ».
La plupart des concepts (le temps, l'espace, la couleur, le volume…) se travaillent dans plusieurs domaines d'activités.

Par exemple, le concept d'espace se met en place à partir d'activités impulsées, entre autres, en éducation physique où l'on explore avec son corps des lieux différents (coin-jeux, cour, gymnase, stade…) par des exercices spécifiques : parcours, jeux, etc.

Dans le domaine « Découvrir le monde », on passe à des représentations intellectuelles : l'espace est figuré par une photographie, un dessin ; on découvre sa forme, sa grandeur.
Chaque discipline isole des notions précises qui vont permettre la construction du concept.

LES NOTIONS BÂTISSENT LES CONCEPTS

LA NOTION

La notion, « *branche élémentaire du savoir* », recouvre un contenu spécifique à la discipline. Si, dans le domaine « Découvrir le monde », on a cherché à asseoir des notions comme la forme ou la grandeur (voir le paragraphe « Découverte des formes et des grandeurs », *op. cit.*, p. 33), les arts visuels vont en travailler d'autres comme :
- les espaces différents à investir, (par exemple, par des installations) ;
- les procédés de présentation dans un format donné (compositions) ;
- les procédés de représentation dans la feuille (point de vue, cadrage).

En arts visuels, les notions concernent essentiellement les composants plastiques :
- **forme,**
- **couleur,**
- **matière,**

mais aussi leur mode de fonctionnement et d'organisation dans une production.

L'ÉLABORATION DE CONCEPTS À L'ÉCOLE

Une notion ne se construit pas seule, mais en opposition avec son contraire puis en relation avec d'autres qui la complètent et l'affinent.

Quelques exemples :
Les **paramètres qui composent l'acte de peindre** : le geste, l'outil, le support et la matière, doivent être dissociés puis précisés avec, chacun, leurs caractéristiques :
- pour l'**outil**, sa forme, sa taille, son poids, le matériau qui le constitue, sa trace, sa prise en mains ;
- pour le **geste**, son amplitude, sa rapidité, sa direction, sa pression ;
- pour le **support**, sa nature, son format, sa position, ses qualités d'absorption, sa résistance ;
- pour la **matière**, sa fluidité, son épaisseur, son pouvoir couvrant.

On peut jouer dans les expérimentations comprenant un ou plusieurs paramètres et les faire varier.

La **couleur** s'oppose à la **non-couleur** (une reproduction en blanc et noir, c'est-à-dire en valeurs) puis se précise avec ses caractéristiques :
- son degré d'**intensité** (on pose la couleur en fines couches lumineuses ou bien en couches épaisses, donc opaques) ;
- son degré de **clarté** :
  – on ajoute du blanc ou de l'eau à une couleur pour l'éclaircir, la rabattre,
  – on ajoute du noir ou un jus coloré brun à une couleur pour la foncer, la rompre.

On peut jouer dans une composition avec les caractéristiques d'une seule ou de plusieurs couleurs.

Les **couleurs secondaires** s'opposent aux **couleurs primaires** (l'orange est la complémentaire du bleu, le vert du rouge, et le violet du jaune) puis se précisent avec leurs caractéristiques :
- leur degré d'**intensité** (on pose la couleur en fines couches lumineuses ou bien en couches épaisses, donc opaques) ;
- leur degré de **clarté** :
  – on ajoute du blanc ou de l'eau à une couleur pour l'éclaircir, la rabattre,
  – on ajoute du noir ou un jus coloré brun à une couleur pour la foncer, la rompre ;
- leur degré de **pureté** : le mélange de deux couleurs primaires est équilibré, ou bien tend vers l'une ou l'autre des deux couleurs de base.

On peut jouer dans une composition avec les caractéristiques d'une seule ou de plusieurs couleurs.

Le **volume** s'oppose à l'**à-plat**, le **dessin** au **modelage**, la **plasticité du matériau** à sa **rigidité**.
La mise en trois dimensions se précise avec :
- le **relief** (on colle des éléments saillants sur du bois ou sur un mur) ;
- la **ronde-bosse** (le volume est indépendant, on peut en faire le tour pour voir toutes ses faces).

La mise en valeur du **volume** s'oppose à son **intégration** dans un lieu : le volume est placé en évidence sur un socle ou se fond dans l'espace qui l'entoure.

Pour la **mosaïque**, le **fragment** s'oppose à l'**homogénéité**, puis se précise par la manière dont on l'**assemble** sur l'espace support, le fond :
- un **intervalle** plus ou moins important ménagé entre les morceaux ;
- une **composition** abstraite, géométrique ou figurative ;
- l'ajout de **ciment-colle** pour lisser le relief ou son absence pour faire saillir les fragments.

La mise en place de la **mosaïque à plat** sur le sol, sur une plaque de bois ou sur le mur s'oppose à son intégration **en relief** sur des volumes indépendants.

Les opérations plastiques sont les actions à mener pour explorer une notion.

Ainsi, pour **projeter la couleur**, on peut :
- tremper l'outil et asperger le support ;
- charger le pinceau et laisser tomber de grosses taches ;
- vaporiser, pulvériser le médium.

Pour **peindre**, on peut :
- étaler la couleur ;
- l'imprimer avec des tampons variés (éponges, végétaux, mains...) ;
- la verser, la souffler, la diriger en inclinant le support.

Pour **éclaircir la couleur**, on peut :
- verser sur une palette une dose de couleur et une quantité de blanc, puis les mélanger et étaler ;
- faire couler sur la palette une dose de couleur, tremper le pinceau dans l'eau, diluer la couleur, la passer, l'étaler ;
- humidifier le support, faire fuser la couleur, la lisser.

Pour **foncer une couleur**, on peut :
- étaler sur le support un carré de couleur, le laisser sécher puis passer dessus un jus coloré ou le cirer ;
- superposer des couches fines ou épaisses.

Pour **mélanger deux couleurs**, on peut :
- verser sur une palette deux couleurs primaires, puis les mélanger et étaler, ou bien faire glisser progressivement un peu d'une teinte dans l'autre et prélever des nuances ;
- verser sur une feuille de papier deux couleurs primaires, plier la feuille en deux ;
- faire couler dans un bocal rempli d'eau des gouttes de deux couleurs, récupérer le mélange liquide pour peindre ;
- faire couler sur le support des gouttes de couleurs, souffler avec une paille ;
- pulvériser une couleur puis une autre sur un support plat ou vertical ;
- superposer deux couleurs.

Pour **modeler les différentes parties d'un personnage**, on peut :
- froisser, compacter, encoller du papier ;
- lier, nouer, ficeler des matériaux mous ;
- les envelopper, les entourer, les emballer, les habiller ;
- malaxer, pétrir, rouler des pâtes malléables ;
- assembler, souder boulettes et colombins de terre ;
- recouvrir, superposer des couches autour d'une armature ;
- tailler, ôter de la matière, poncer (à partir d'un bloc).

Pour **assembler des fragments sur un fond,** on peut :
- déchirer ou découper du papier ou du tissu ;
- enduire le support de colle ;
- juxtaposer les morceaux ou ménager un intervalle ;
- coller ;
- passer un vernis pour donner de l'éclat à l'ensemble.

Ou bien :
- casser du carrelage ou de la vaisselle ;
- étaler une couche plus moins épaisse de ciment-colle sur un support ;
- colorer le ciment ou le laisser brut ;
- agencer les fragments en les serrant ou en les espaçant ;
- passer un ciment-joint pour unifier, lisser la composition.

Les consignes de travail doivent être largement ouvertes pour impulser de véritables recherches de la part des enfants et une multitude d'effets produits, souvent imprévus. Rappelons que les trouvailles sont les démarches les plus riches à exploiter.

NOTION ET CYCLE

La notion n'est pas spécifique à un cycle donné. Ce sont les opérations plastiques qui seront adaptées à l'âge des élèves.

Chaque notion abordée dans cet ouvrage peut se traiter lors des trois niveaux.

Pour la notion de gestes dans la peinture

Au cycle 1

- Utiliser des outils, des plus classiques aux plus insolites (en détournant l'outil de sa fonction, par exemple peindre avec un balai, une éponge, un vaporisateur) pour étaler la couleur : constater les traces obtenues et les gestes mis en jeu.
- Explorer tous les gestes possibles avec un seul outil.
- Manipuler des matières colorées (fluides et épaisses) : les passer avec des outils différents.
- Travailler sur des supports de natures (papier, tissu) et de formats différents.

Au cycle 2

- Adapter son geste à l'outil et au support.
- Travailler sur des petits formats.
- Combiner des actions et des outils : le vaporisateur pour le fond et le pinceau pour cerner les formes...
- Choisir des supports adéquats : par exemple, du carton pour des matières épaisses, du papier glacé pour provoquer des coulures, du tissu pour absorber la couleur.
- Diluer ou épaissir des médiums.

Au cycle 3

- Maîtriser la tenue des outils classiques (brosse, pinceau).
- Expérimenter des outils inhabituels : bombe aérosol, pistolet.
- Combiner des actions, des outils et des médiums : vaporisateur et peinture diluée pour le fond, gouache, colle et poudres pour remplir les formes, encre de chine et pinceau fin pour les cerner.
- Préparer un support : papier encollé sur du carton pour des empâtements de matières, tissu enduit de colle pour empêcher que la peinture ne traverse les fibres.
- S'intéresser à l'histoire des paramètres de la peinture :
  – la paroi des grottes, les pigments fournis par la nature, les outils (la main, la bouche, le pinceau, le roseau creux), les gestes utilisés par l'artiste de la préhistoire ;
  – les supports, les outils, les médiums complexes, les gestes d'un grand maître classique ou d'artistes modernes et contemporains.

Pour la notion de couleur primaire

Au cycle 1

- Collecter des objets ou des images en couleurs : les trier, les classer, les présenter.
- Manipuler des matières colorées : les passer avec des outils différents (chiffon, éponge...).
- Éclaircir ou foncer une couleur en ajoutant du blanc ou du noir.
- Classer des couleurs : les claires et les foncées.

Au cycle 2

- Éclaircir et foncer progressivement une couleur pour obtenir un camaïeu.
- Foncer du jaune sans passer par le noir.
- Ranger des couleurs : du clair au foncé, et vice-versa.
- Percevoir l'influence des couleurs entre elles : juxtaposer les couleurs primaires sur des fonds différents.
- Obtenir des gris colorés (gris jaunes, gris bleus, gris rouges).

Au cycle 3

- Approfondir les effets des couleurs pour différencier la forme du fond : par exemple, pour composer une affiche ou un carton d'invitation :
  – opposer les couleurs froides pour le fond (les bleus) qui éloignent et les couleurs chaudes (surtout le rouge) qui rapprochent, qui font saillir la forme ;

– jouer avec le clair et le foncé.
- S'interroger sur le code social de la couleur : les couleurs des panneaux du code de la route, les couleurs des produits alimentaires.
- S'intéresser à l'histoire de la couleur :
– les pigments fournis par la nature et utilisés par l'artiste de la préhistoire, de l'Antiquité ;
– les couleurs d'un grand maître de la Renaissance ;
– les couleurs de synthèse des artistes modernes et contemporains.

Pour la notion de couleur secondaire

Au cycle 1

- Collecter des objets ou des images verts, orange et violets : les trier, les classer, les présenter.
- Fabriquer des mélanges avec des médiums différents : de la peinture, de l'encre, des craies, des feutres, des poudres.
- Fabriquer des mélanges avec des techniques différentes : mélanger d'un coup puis progressivement, superposer, pulvériser, verser puis plier, verser puis souffler.
- Éclaircir ou foncer une couleur en ajoutant du blanc ou du noir.
- Contraster, opposer les couleurs primaires et leurs complémentaires.

Au cycle 2

- Éclaircir et foncer progressivement une couleur secondaire pour obtenir un camaïeu.
- Ranger des couleurs : du clair au foncé, et vice versa.
- Ordonner les nuances d'une couleur (des orangés qui tirent vers le rouge puis vers le jaune).
- Percevoir l'influence des couleurs entre elles : juxtaposer les couleurs secondaires sur des fonds différents.
- Obtenir des gris colorés (gris orangés, gris bleutés, gris violets).

Au cycle 3

- Approfondir les effets des couleurs pour différencier la forme du fond. Par exemple, pour composer une affiche ou un carton d'invitation :
– opposer les couleurs froides pour le fond (du violet, du vert) qui éloignent et les couleurs chaudes (des orangés) qui rapprochent, qui font saillir la forme ;
– contraster le fond, d'une couleur primaire, et la forme (du texte ou des dessins), d'une couleur complémentaire ;
– jouer avec le clair et le foncé.
- Passer de la couleur à sa valeur : photocopier en noir et blanc des réalisations colorées.
- Colorer des photocopies en valeurs de gris pour obtenir des effets : des contrastes (chaud/froid, clair/foncé, opaque/transparent, primaire/complémentaire), des fondus, des mises en valeur d'un détail.
- S'interroger sur le code social de la couleur : les couleurs des produits alimentaires, les couleurs des vêtements de travail ou de cérémonie.

Pour la notion de volume

Au cycle 1

- Froisser, chiffonner, mettre en boule du papier, puis poser les volumes sur un socle ou les suspendre.
- Pétrir, malaxer, mettre en boule de la terre ou de la pâte (à sel ou à pain).

Au cycle 2

- Remplir une poche en plastique (de chiffons, de papier), la nouer, la décorer.
- Gonfler un ballon et l'habiller (de bandes de papier, de tissu, de fils...).
- Modeler de la glaise ou d'autres matières malléables.

Au cycle 3

- Dessiner, puis mettre en relief en coloriant et en jouant sur l'ombre et la lumière.
- Ajouter des matières sur des dessins (travailler en demi-reliefs).
- Tailler, évider, creuser un matériau de base, poncer un bloc de béton cellulaire ou de savon.
- Couler du plâtre dans un moule.

- Adjoindre des matériaux autour d'un noyau : des bandes de papier, de plâtre, des pointes.
- Compacter des matériaux mous (papier, tissu, mousse...) et les ficeler.
- Bourrer une poche, un sac, un filet.
- Modeler.

Pour la notion de fragmentation/assemblage

Au cycle 1

Partir de feuilles de papier en couleur.

- Déchirer de gros puis de plus petits fragments.
- Les coller sur un fond déjà encollé.
- Remplir une forme simple dessinée.

Au cycle 2

Exploiter les pages des magazines, des catalogues, les papiers-cadeaux ou les essais des enfants en peinture.

- Déchirer ou découper de petits morceaux de papier d'une seule couleur, de deux couleurs contrastées, de plusieurs teintes.
- Les juxtaposer pour créer un camaïeu, un jeu de contraste ou une forme.
- Recouvrir un support plat ou un volume.

Au cycle 3

Sélectionner des zones colorées dans des pages de magazines.

- Déchirer de tous petits morceaux ou découper des formes géométriques.
- Approfondir les effets des couleurs pour assembler les fragments :

– opposer les couleurs froides qui éloignent et les couleurs chaudes qui rapprochent, qui font saillir la forme que l'on veut figurer ;
– confronter les couleurs primaires et complémentaires ;
– jouer avec le clair et le foncé.

Il est donc impossible de dresser une liste de notions à étudier par cycle, mais on peut tenter d'en repérer quelques-unes particulièrement intéressantes.

LES CONCEPTS

Le concept d'espace

Notions :
Matériaux (supports, outils, médiums)
Fond/forme
Découpe (détacher une forme sur un fond)
Délimitation de formes par le contour, le cerne
Délimitation des formes/intervalles
Copie
Série
Déformation
Transformation

Espace clos/espace ouvert
Organisation interne des constituants plastiques :
dispersion/concentration
vide/plein
statisme/dynamisme
ordre/désordre

Point de vue
Cadre/hors-cadre
Mise en scène
Profondeur
Mouvement
Illustration
Narration

Le concept de volume

Notions :
Matériaux et liants
Aplat/demi-relief
Demi-relief/ronde-bosse
Plein/vide
Ombre/lumière
Plasticité ou non du matériau
Socle
Matières et textures
Mobile/immobile
Le monumental
L'éphémère
L'installation *in situ*
Les gestes du sculpteur

Le concept de couleur

Notions :
Couleur/valeur
Couleur/saturation
Couleurs/contrastes
Couleurs/nuances
Opacité/transparence
Fluidité/épaisseur
Relations entre les couleurs
Couleurs et rythmes
Ombre/couleur
Matières et textures
Les gestes du peintre

LES OPÉRATIONS PLASTIQUES

Ce sont des actions d'exploration, de manipulation d'un objet, d'une matière, d'une image. Elles sont vécues (surtout par les plus jeunes) comme des jeux où l'on éprouve tout simplement le plaisir de faire, l'étonnement ou l'émerveillement de produire des effets non escomptés.
Elles seront nombreuses et variées si la sollicitation de départ encourage l'expérimentation, plus restreintes et mieux ciblées si le point de départ est une consigne pour des exercices d'approfondissement.

Si l'objectif de la séance est de travailler la notion de gestes du peintre, selon le projet de l'enfant (expérimenter telle manière de projeter la peinture) et les matériaux et outils dont il dispose (une feuille de papier, un pinceau, un flacon, un pulvérisateur, de la gouache), il pourra :

- **poser à plat le support** ;
- **l'orienter** ;
- **tourner autour** ;
- **séparer** ;
- **se mettre à l'intérieur** (marcher dessus) ;
- **régler la distance de projection** (se baisser pour se rapprocher, monter sur une chaise pour s'éloigner).

Puis
- **asperger** ;
- **égoutter** ;
- **tacher**

en se servant du pinceau.

Ou
- **presser** ;
- **faire couler**

en employant le flacon.

Ou
- **placer le support verticalement** ;
- **se positionner par rapport à lui** (se mettre en face, de côté, au-dessus) ;
- **régler sa distance** (près, loin)

pour se distancier par rapport au support.

Mais encore
- **pulvériser** en petits jets ou d'un seul coup en choisissant le pulvérisateur

pour essayer des projections variées.

Puis
- **vaporiser** ;
- **asperger** ;
- **faire couler**

pour combiner des actions et des effets.

Si la séance suivante a pour consigne : « Bouger le support », il devra :

- **poser à plat** le support ;
- **faire couler** une goutte ;
- **incliner**, **redresser**, **incliner** à nouveau le papier.

Ou
- **froisser** le tissu ;
- le **plier** ;
- le **nouer** ;
- **verser** la peinture ;
- **défroisser**, **déplier**, **dénouer**

pour constater les effets produits.

LES OPÉRATIONS PLASTIQUES

Si l'objectif de la séance est de travailler la notion de composition, selon le projet de l'enfant (présenter à la classe une collecte d'objets de même couleur) et les matériaux et outils dont il dispose (un tapis au sol), il pourra :

- **juxtaposer** ;
- **intercaler** ;
- **relier** ;
- **séparer** ;
- **emboîter** ;
- **aligner des éléments**

pour obtenir une présentation libre en trois dimensions.

Puis
- **photographier** ;
- **dessiner** ;
- **mettre en couleurs**

pour obtenir une représentation en deux dimensions.

Si la séance suivante a pour consigne : « Associer des éléments entre eux », il devra :
- **étaler**, **éparpiller** tous les objets ;
- **mettre ensemble**, **regrouper** des éléments ;
- les **rapprocher**, les **relier**, les **réunir** ;
- **séparer**, **éloigner** les ensembles ;
- **éliminer**, **enlever**, **ôter** les doubles ;
- **mettre à part**, **isoler** ou **supprimer** les objets inclassables

Si la séance suivante a pour consigne : « Composer une forme avec les objets collectés », il devra :
- **sélectionner** ceux qui conviennent ;
- les **placer**, les **disposer**, les **agencer** ;
- **reculer** ou **prendre de la hauteur** (pour mieux voir) ;
- **rapprocher** certains éléments ;
- les **séparer**, les **éloigner** ;
- **ménager des intervalles** réguliers ;
- **fixer** ou **photographier.**

LES OPÉRATIONS PLASTIQUES

Si l'objectif de la séance est de travailler la notion de demi-relief / ronde-bosse,
selon le projet de l'enfant et les matériaux et outils dont il dispose, il pourra :

● **modeler des boulettes et des colombins** ;
● les **aligner** ;
● les **juxtaposer** ;
● les **intercaler** ;
● les **relier** ;
● les **associer** ;
● les **souder à la barbotine** ;
● les **unifier** ou les **différencier par la couleur ou le graphisme**
pour obtenir un **bas-relief** (une composition avec des motifs collés sur du bois).

Ou
● **superposer les colombins** ;
● les **monter** ;
● les **souder à la barbotine** ;
● les **lisser** ;
● **animer graphiquement la surface** ;
● **intégrer des éléments** (des boulettes, des colombins très fins)
pour obtenir une **ronde-bosse** (un volume indépendant).

Si l'objectif de la séance est de travailler les notions de fragmentation puis de composition,
selon le projet de l'enfant et les matériaux et outils dont il dispose, il pourra :

● **déchirer** ou **découper** ;
● **juxtaposer** ;
● **intercaler** ;
● **alterner** ;
● **mettre ensemble** ;
● **séparer** ;
● **aligner** ;
● **coller des éléments**
pour obtenir une mosaïque multicolore.

Si la séance suivante a pour consigne : « Composer avec une seule couleur », il devra :
● **sélectionner** des supports aux tons clairs et foncés, des nuances d'une même couleur ;
● les **déchirer** ou les **découper** ;
● les **trier** ;
● les **agencer au hasard** ou **en alternant** le clair et le foncé, ou encore **en rangeant** les tons, du plus clair au plus foncé
pour obtenir une mosaïque en camaïeu.

LES OPÉRATIONS PLASTIQUES

Les types d'opérations les plus courantes sur des images, des objets ou des textures ont leurs techniques propres et leurs effets. Elles sont rarement menées seules et se complètent naturellement au fur et à mesure du travail.

Pour associer
(des images, par exemple)
on juxtapose
on imbrique
on superpose
on relie
on unifie

ou

on intercale
on intervertit
on oppose

Pour transformer
(une production, par exemple)
on corrige
on déforme
on mouille
on froisse
on change de technique
on ternit
on rend transparent
on opacifie
on éclaircit
on fonce
on ajoute ou on ôte des éléments
on modifie l'échelle
on fragmente
on met à plat ou en relief

Pour isoler
(un détail, par exemple)
on contraste
on recadre
on souligne
on accentue
on signale
on particularise
on détache du fond
on grossit

Pour reproduire
(une forme, par exemple)
on dessine
on décalque
on imprime
on utilise un pochoir
on en fait un frottage
on photocopie
on photographie

Les opérations plastiques devront être verbalisées, nommées précisément lors de courtes synthèses afin que l'élève intègre d'autant mieux ces acquisitions et ancre le vocabulaire spécifique.

Domaine « La sensibilité, l'imagination, la création : Le regard et le geste », *op. cit., p. 35.*
« Les moments d'échanges [...] *permettent à l'enfant d'exercer sa faculté d'observer, d'enrichir son vocabulaire, de préciser sa démarche et d'écouter d'autres manières de faire et de voir. »*

« Les activités de création et le langage oral », *op. cit., p. 37.*
« Le langage oral qui accompagne l'action permet la mise en mots et l'objectivation de l'expérience. L'enseignant aide l'enfant à préciser son expression, en engageant le dialogue et en multipliant les interactions. Il amène chaque enfant à :
– évoquer des faits, des sensations en relation avec l'expérience ;
– présenter et parler de son dessin, de sa réalisation [...]. »

Ainsi, les activités artistiques se prolongent et s'enrichissent dans une pratique orale de la langue, conformément à l'esprit des programmes.

« Le langage au cœur des apprentissages : Permettre à chaque enfant de participer aux échanges verbaux de la classe et inscrire les activités de langage dans de véritables situations de communication », *op. cit., p. 19.*
« Dans la mesure où le langage est au cœur de tous les apprentissages, il importe que chaque activité ait une dimension linguistique clairement affichée. »

LA SÉQUENCE

UNE CONCEPTION QUI PREND EN COMPTE PLUSIEURS NIVEAUX

UN ORGANIGRAMME SUR L'ANNÉE AVEC LA PRÉVISION DES CONTENUS

L'enseignant se réfère aux objectifs généraux :

- **faire** (opérations plastiques) ;
- **regarder**, comparer, connaître (domaine culturel) ;
- **s'exprimer**, être créatif ;
- **apprécier**.

Il veille à ce que, dans l'année, les élèves dessinent, peignent, mettent en volume, engrangent des images.
Pour chaque demi-trimestre, il organise des séquences pour faire acquérir des notions, développer des comportements.
Pour chaque séquence, il détermine un nombre supposé de séances.

Bien entendu, dans une discipline qui privilégie l'imprévu et l'exploitation des trouvailles, tout ne peut être cadré, bouclé ou enchaîné sans courir le risque de s'enfermer dans un programme strict où l'aventure n'a pas sa place. Le programme de l'école maternelle n'est pas encadré par un horaire contraignant. Mais une préparation sérieuse est la garantie de se donner un fil conducteur, des repères d'efficacité. L'année scolaire passe vite et les apprentissages à construire sont multiples !
À l'enseignant de juger si une séance de relance est indispensable, nécessaire ou facultative en fonction des acquis de sa classe. Il faut savoir parfois écourter une séquence qui engendre la lassitude pour prendre une piste imprévue mais séduisante.

LES PROGRAMMES OFFICIELS INSISTENT SUR LA PRIORITÉ À ACCORDER À LA MAÎTRISE DU LANGAGE

« *En accueillant des enfants de plus en plus jeunes, l'école maternelle a fait du langage oral l'axe majeur de ses activités.* » Si le domaine « Vivre ensemble » est celui qui privilégie la communication, l'apprentissage du langage va se faire dans toutes les disciplines. « *Les autres domaines d'activités supposent, eux aussi, des échanges verbaux de qualité et, en conséquence, sont l'occasion de développer, chez chaque enfant, les compétences de communication que leur mise en œuvre exige.* » (*Op. cit.*, p. 19.)
L'enseignant doit donc se soucier d'intégrer dans la séquence d'arts visuels la place qui revient à ce domaine transversal : lire, parler et, pour les plus grands, écrire.

Parler	*Lire (GS)*	*Écrire (GS)*
• Utiliser le lexique spécifique des arts visuels, le structurer et l'augmenter en situation de synthèse (après avoir pratiqué des opérations plastiques). • Exprimer des constats. sur sa production. • Parler avec des images : comparer les procédés des artistes et les mettre en relation avec ceux utilisés par la classe.	• Mettre en relation l'objet, le dessin et le mot. • Identifier des mots. • Observer la part du texte et de l'image dans des écrits (guide pour une exposition, affiche, catalogue...).	• Écrire des mots du lexique des arts visuels : le nom des couleurs, d'un artiste, d'un outils... • Dicter à l'adulte un court texte (une phrase, un titre) sur sa production ou sur une œuvre d'art.

« LES ACTIVITÉS ARTISTIQUES ENTRETIENNENT DE NOMBREUX LIENS AVEC D'AUTRES DOMAINES D'APPRENTISSAGE QU'ELLES PERMETTENT DE COMPLÉTER OU DE PROLONGER. ELLES NE SONT PAS SEULEMENT DES MOYENS D'EXPRESSION ET DE DÉCOUVERTE. ELLES OUVRENT DES VOIES POUR S'APPROPRIER DES CONNAISSANCES. »

Les **activités graphiques** facilitent la maîtrise de l'écriture ; l'articulation avec l'activité physique est évidente (le corps et le geste).
Les activités du domaine « Découverte du monde » sont propices à de multiples pistes de travail en arts visuels, notamment celles qui développent les aptitudes sensorielles, la structuration de l'espace et la découverte des formes.

Mais ce serait une erreur que de vouloir enrichir les arts visuels par une mise en relation avec tous les autres domaines enseignés à l'école.
S'il est judicieux, chaque fois que faire se peut, de compléter ou de vérifier l'acquisition d'une notion dans un autre domaine (il est, par exemple, tout à fait possible de découvrir sensoriellement les matériaux utilisés en arts visuels dans le cadre de l'exploration du monde de la matière), l'utiliser systématiquement dans tous les autres domaines (écrire sur du papier ou du tissu, découvrir l'histoire du papier, celle du tissu, le papier japonais, le tissu africain…), sous prétexte de donner une unité à son enseignement, ne peut qu'engendrer monotonie et perte de sens.
Il faut savoir tisser des liens, jeter des passerelles sans jamais les alourdir.

SCHÉMA D'UNE SÉQUENCE

Ce schéma reprend le schéma circulaire développé par Daniel Lagoutte dans *Enseigner les arts visuels* (voir la bibliographie en fin d'ouvrage).

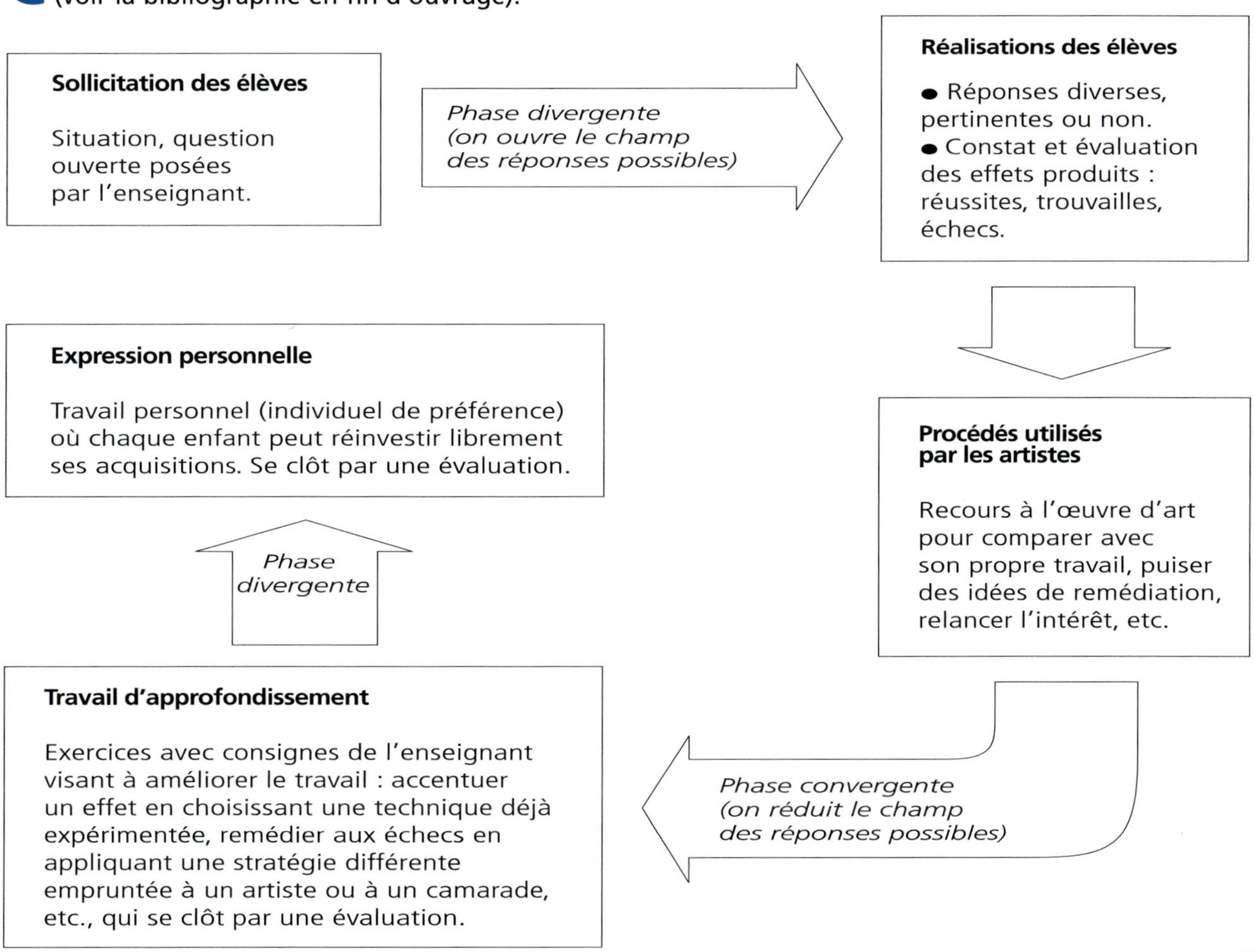

SOLLICITATION DES ÉLÈVES

À l'enseignant de choisir un objet de sollicitation qui intéresse et motive ses élèves en fonction des objectifs de son enseignement mais aussi en fonction de ses goûts personnels. On ne fait bien partager que ce que l'on aime.

LA SOLLICITATION A POUR BUT D'ACCROCHER L'INTÉRÊT

La sollicitation peut tirer parti :

- d'un événement exceptionnel de la vie de la classe (une sortie dans la nature, au musée, au cinéma...) ;
- d'un apport d'un enfant (un objet curieux rapporté d'un voyage...) ;
- d'un phénomène fortuit (la neige tombée, transformant le paysage familier...) ;
- de la lecture d'un conte ;
- d'un sujet d'étude d'une autre discipline (notamment du domaine « Découverte du monde ») pour le prolonger, servir un projet d'école (peindre le mur de la cour ou le recouvrir de mosaïques, concevoir un décor de théâtre sur un drap, une bâche...).

LES ENTRÉES SONT DONC MULTIPLES

- Par la technique (proposer de peindre, d'imprimer, de modeler...).
- Par l'objet (à découvrir sensoriellement, à collecter).
- Par une opération plastique (assembler, fragmenter, réunir).
- Par l'imaginaire (imaginer le monstre d'un conte lu en classe).

L'enseignant propose une situation ouverte qui donnera lieu à divers questionnements, donc à des réponses variées. Il prévoit par avance, pour chaque séance, les matériaux et outils, l'organisation du travail (individuel ou en groupes), le temps à consacrer, les consignes à donner.

RÉALISATIONS DES ÉLÈVES

Les enfants répondent à la situation par un ensemble de solutions pertinentes ou non. Ils cherchent, ils s'investissent, ils échangent.

L'enseignant les encourage, les guide, les stimule pour aller plus loin, les provoque parfois.

L'enseignant ménage des moments de synthèse : il donne à voir à l'ensemble de la classe le travail de chacun ; il fait verbaliser les actions entreprises, constater les effets produits, mettre en relief les trouvailles, expliciter les échecs et formuler des hypothèses de remédiation.

Il fait mettre en relation les productions en demandant :

- des tris par effets différents ;
- des rapprochements (celles qui ont obtenu le même effet mais avec des opérations différentes) ;
- des oppositions.

Il laisse s'exprimer les enfants, reprend les formulations incorrectes, veille à ce que chacun soit écouté, ancre le vocabulaire plastique dans une situation langagière qui a du sens.

LA CONFRONTATION AVEC LES ŒUVRES D'ART

L'enseignant choisit un petit nombre d'œuvres (des reproductions grand format, des diapositives...) pour les donner à regarder aux élèves en appui d'une expérimentation concrètement vécue par la classe. Il peut puiser, « au niveau national », dans la « *liste indicative des œuvres publiées par le ministère de l'Éducation nationale* » ou, « au niveau local », dans la « *liste établie au sein de chaque académie permettant l'exploitation et la connaissance des ressources de proximité* ». Il peut également inviter ses élèves à découvrir et observer des sources documentaires variées : bibliothèques, artothèques, logiciels éducatifs, Internet pour les grandes sections, etc.

Le choix s'effectue en fonction, non pas d'un sujet commun (on ne va pas réunir au hasard des œuvres, surtout si elles font appel à des techniques peu adaptées aux possibilités des enfants), mais des procédés (semblables ou différents) employés par les artistes.

● Si les enfants ont travaillé le thème des **gestes dans la peinture**, on leur montrera aussi bien une toile contemporaine de Pierre Soulages, d'Hans Hartung ou d'Olivier Debré pour montrer l'ampleur du geste, qu'une œuvre de Jackson Pollock ou de Sam Francis pour illustrer la variété des projections, ou encore une toile de Simon Hantaï pour découvrir la technique du pliage et de l'impression.

● Si les enfants ont travaillé le thème de la **couleur**, on leur montrera aussi bien une toile contemporaine de Ellsworth Kelly pour montrer l'intensité d'un monochrome bleu qu'une œuvre de Picasso pour illustrer l'harmonie d'un fond en dégradés de bleus.

● Si les enfants ont travaillé sur le thème de la **couleur** et ont découvert les **binaires**, on leur montrera aussi bien une toile de Van Gogh où l'orangé, employé parcimonieusement, souligne un détail dans une architecture bleue, qu'une œuvre de Monet où le rouge est introduit par petites touches dans un paysage vert, un tableau de Gauguin où le violet s'étale largement sur un fond jaune, une mosaïque contemporaine de Guy Limone où le bleu s'associe à l'orange.

● Si les enfants ont travaillé sur le **matériau « terre »**, on leur montrera aussi bien une sculpture contemporaine de Daphné Corregan, une installation de Jean-Luc Parant ou une toile de Lucio Fontana pour montrer la force de l'animation graphique, qu'une œuvre de Picasso pour illustrer le détournement des formes de base.

● Si les enfants ont essayé de réaliser des **assemblages de fragments**, on leur montrera aussi bien un pavement de sol antique pour montrer la juxtaposition ordonnée et figurative des tesselles de pierre, qu'un détail de l'œuvre de Gaudí ou de Picassiette pour illustrer la saturation du support par des fragments de céramique.

Les élèves comparent leurs procédés avec ceux des artistes, puisent des idées pour agir à leur tour. Montrée trop tôt, en début de séquence, l'œuvre d'art risque d'être modélisante. Cependant, elle est parfois présentée en phase de sollicitation lorsque les arts visuels sont reliés au patrimoine culturel du passé ou qu'elle sert de support à des activités de langage, voire d'écriture.

APPROFONDISSEMENTS

La consigne est ici plus stricte. Il s'agit de réinvestir les constats effectués sur son propre travail, celui des camarades et celui des artistes.
Ces activités exigent une attention soutenue de la part de l'élève qui applique des consignes plus précises et de la part de l'enseignant qui guide, conseille, rectifie. L'organisation en ateliers (de 6 à 8 participants) permet à chaque enfant d'acquérir ou de renforcer un savoir ou un savoir-faire dans des conditions matérielles satisfaisantes.

● Si l'on a travaillé librement avec **des papiers pour intervenir sur le support** (le plier en deux, en accordéon, le froisser, le rouler en boule puis le peindre en le vaporisant) et que l'on a constaté que certains artistes utilisent sciemment du tissu et des pliages ordonnés pour contrôler la diffusion d'une ou de plusieurs couleurs, la séance suivante a une consigne plus directive.
Par exemple : « Accidenter le tissu et créer des espaces blancs de réserves. »

● Si l'on a travaillé librement avec **les matériaux de son choix pour traduire sa vision du monde avec une seule couleur** et que l'on a constaté que certains artistes utilisent sciemment des contrastes variés (couleurs claires/couleurs foncées, couleurs chaudes/couleurs froides, couleurs épaisses/couleurs transparentes) pour exprimer des sentiments ou une atmosphère, la séance suivante a une consigne plus directive.
Par exemple : « Éclaircir progressivement la couleur pour obtenir une suite de tons. »

● Si l'on a travaillé librement avec **les matériaux de son choix pour rechercher la manière de faire ressortir ou au contraire de fondre, de noyer une forme sur un fond** et que l'on a constaté comment procédaient les artistes, la séance suivante a une consigne plus directive.
Par exemple : « Avec tel logiciel, dessiner une forme, la remplir avec une couleur primaire et trouver la couleur secondaire du fond qui contraste le mieux avec celle choisie pour la forme. »
Ou : « Appliquer un pochoir pour reproduire des formes, peindre le fond avec une couleur primaire, remplir les formes avec la couleur complémentaire. »

● Si l'on a travaillé librement avec **le matériau terre pour éprouver d'abord sa plasticité et sa faculté de conserver la trace des outils** et que l'on a constaté que certains artistes utilisent sciemment ces qualités pour animer la surface de leurs volumes, la séance suivante a une consigne plus directive.
Par exemple : « Animer la plaque de terre en inscrivant la trace des outils, puis en imprimant des motifs. »

● Si l'on a travaillé librement avec **du papier pour composer une mosaïque** et que l'on a constaté que certains artistes utilisent d'autres matériaux pour la richesse de leurs couleurs et de leurs graphismes, la séance suivante a une consigne plus directive.
Par exemple : « Collecter de la vaisselle usagée et la casser en morceaux pour exploiter les teintes, les motifs des fragments. »

EXPRESSION PERSONNELLE

À CHACUN SA PISTE

Voici une phase essentielle de la séquence et pourtant le plus souvent supprimée par manque de temps.
Les enfants ont expérimenté des opérations plastiques en vue de produire un effet, ils ont découvert des procédés (ceux de leurs camarades, ceux des artistes), ils en ont approfondi quelques-uns.
Il faut leur offrir l'occasion de réinvestir leurs acquis, d'assouvir leur envie d'agir pour leur propre compte, de ne plus avoir de remords.

La séance a pour but de permettre :
- à la plupart, d'essayer, en reprenant leurs travaux, d'autres opérations pour une expression plus aboutie ;
- à certains, d'aller plus loin, d'être créatifs, de trouver un sujet, de choisir un format, des matériaux, des outils, des techniques (peut-être une combinaison de plusieurs procédés ou un procédé personnel) et, pourquoi pas, de transgresser les consignes.

L'ÉVALUATION

C'est à l'enseignant de choisir ce qu'il va évaluer, comment et pourquoi.

COMPÉTENCES TRANSVERSALES

Relatives aux attitudes

- La construction de la **personnalité**, l'acquisition de l'**autonomie** et l'apprentissage de la **vie sociale**

« Dans un milieu différent du milieu familial, l'enfant continue de construire sa personnalité et découvre la vie collective. »
Par exemple, lors des séances de réalisation ou lors des moments d'expression personnelle, l'enseignant observe, pour un petit nombre d'enfants :
- s'ils travaillent individuellement, à deux ou préfèrent en groupe ;
- s'ils écoutent les autres et tiennent compte de leurs idées ;
- s'ils prennent des décisions et s'y tiennent ;
- s'ils trouvent des idées originales ;
- s'ils acceptent d'expérimenter (s'ils sont curieux).

- Le **désir de connaître** et l'**envie d'apprendre**

S'ils acceptent des contraintes pour acquérir des savoirs nouveaux, s'ils observent, s'ils questionnent, s'ils verbalisent ce qu'ils ont compris.

Relatives à la construction des concepts fondamentaux d'espace et de temps

L'enseignant peut noter comment certains organisent leur temps et gèrent leur espace de travail.

Relatives aux compétences méthodologiques

- La **mémoire**

« L'enfant utilise sa mémoire à partir de situations familières. »
À l'occasion du rappel d'une activité menée plusieurs fois avec des variantes (par exemple, un atelier pour étaler, puis projeter et enfin imprimer la couleur), l'enseignant peut être attentif à la pertinence du vocabulaire plastique et contrôler si l'enfant a engrangé des images et des procédés plastiques.

- Les **méthodes de travail**

L'enseignant apprécie l'effort de chacun pour participer à un projet, pour respecter l'organisation de la classe et des ateliers, pour rendre un travail soigné.

Relatives à la maîtrise du langage

● **Parler**

– S'ils utilisent le lexique spécifique aux arts visuels.
– S'ils savent décrire une expérimentation (les opérations plastiques mises en œuvre, les outils, les supports, les matériaux).
– S'ils peuvent évoquer des faits, des sensations en relation avec l'expérience menée.
– S'ils sont capables de présenter et de parler de leur production.
– S'ils écoutent les autres parler de la leur.
– S'ils savent constater les effets produits dans leur travail, dans celui des autres.
– S'ils expriment leurs sensations devant une image, une œuvre.
– S'ils écoutent les autres raconter leurs sensations.
– S'ils trouvent des liens ou des différences entre leur production et les œuvres d'art présentées par l'enseignant.

Par exemple, lors de la synthèse des réalisations des enfants, moment qui se prête bien à un temps d'évaluation, l'enseignant donne des critères de tri qui conduiront l'élève à faire des choix, à les expliciter, à les mettre en relation avec la consigne de départ.

Les réalisations étant données à voir (affichage simple ou présentation au sol), elles vont être sélectionnées selon des critères de plus en plus complexes :
– celles qui n'ont pas respecté la consigne ;
– celles qui ont respecté la consigne mais qui n'ont pas obtenu l'effet escompté (pourquoi ?) ;
– celles qui n'ont pas respecté la consigne et ont obtenu un effet (prévu ou non) ;
– celles qui ont respecté la consigne et ont obtenu des effets à classer suivant leur degré d'accomplissement (mettre ensemble des travaux allant dans le même sens), leurs différences (opposer des réalisations), etc.

COMPÉTENCES SPÉCIFIQUES QUI RECOUVRENT DES SAVOIRS ET DES MÉTHODES

« L'élève doit être capable de :

- *adapter son geste aux contraintes matérielles (outils, supports, matières) ;*
- *surmonter une difficulté rencontrée ;*
- *tirer parti des ressources expressives d'un procédé et d'un matériau donnés ;*
- *exercer des choix parmi des procédés et des matériaux déjà expérimentés ;*
- *utiliser le dessin comme moyen d'expression et de représentation ;*
- *réaliser une composition en plan ou en volume selon le désir d'expression ;*
- *reconnaître des images d'origines et de natures différentes ;*
- *identifier les principaux constituants d'un objet plastique (image, œuvre d'art, production d'élève...) ;*
- *établir des rapprochements entre deux objets plastiques (une production d'élève et une reproduction d'œuvre, par exemple) sur le plan de la forme, de la couleur, du sens ou du procédé de réalisation ;*
- *dire ce qu'on fait, ce qu'on voit, ce qu'on ressent, ce que l'on pense ;*
- *agir en coopération dans une situation de production collective. »*

Horaires et programmes d'enseignement de l'école primaire, BO hors série n° 1 du 14 février 2002, MEN, p. 37.

Pas à Pas en arts plastiques MATERNELLE

Premiers gestes en peinture

Remerciements
Je remercie les classes maternelles ariégeoises pour les expérimentations qu'elles ont osées avec moi.

Séquence « Sensibilité, imagination, création »

Autour de la notion

OBJECTIFS VISÉS :

- Différencier les paramètres de la peinture : outils, gestes, support, médium
- Expérimenter des gestes, des outils, des supports, des médiums variés
- Adapter gestes, outils et supports à un projet de peinture
- Se distancier de la toile : projeter la peinture, bouger le support
- Intervenir sur le support : l'accidenter
- Modifier la peinture : adjoindre ou ôter de la matière
- Constater des effets plastiques
- Connaître et comparer des démarches d'artistes
- Se constituer une culture artistique
- Suivre son propre chemin de création

des gestes de la peinture

SOLLICITATION DES ÉLÈVES

ORGANISER UN JEU DE MIME

Faire énumérer aux enfants des opérations, des actions pratiquées lors des différents ateliers en arts plastiques par lesquels ils sont déjà passés.
Sélectionner quelques verbes d'action faciles à identifier. Par exemple : *découper, coudre, écrire, gommer*.
Préparer des étiquettes avec la graphie et/ou le dessin de chaque verbe.
Préparer plusieurs étiquettes du verbe *peindre*.
Chaque enfant tire une étiquette au hasard : il doit reconnaître la graphie et le dessin du mot, puis il mime le verbe.

Expliciter la difficulté de mimer l'action de peindre :
– dans l'interprétation conventionnelle des enfants, « peindre » ressemble à dessiner, à colorier ;
– dans l'interprétation soufflée ou donnée par l'enseignant, « peindre » est traduit par des gestes amples sur un support vertical (peindre un mur).

Rassembler des outils variés appartenant au domaine de la peinture : ceux que les enfants manipulent à l'école, quelques-uns prêtés par des artistes (palettes, brosses, pinceaux chinois...), d'autres par des professionnels du bâtiment (grands rouleaux pour les plafonds, pinceaux pour radiateurs, brosses extra-larges pour vernir...).
Glisser quelques intrus : un balai, une louche...
Faire nommer les outils et constituer trois ensembles (les outils de l'artiste, ceux du peintre en bâtiment et les intrus).

Observer un élève en train de peindre avec un outil inhabituel.
Observer un ou plusieurs enfants en train de peindre avec le même outil dans des conditions différentes : support à plat par terre, support vertical...

RÉALISATIONS DES ÉLÈVES

ÉTALER LA COULEUR : **LE MONOCHROME**

Opérations plastiques
- Tremper l'outil, l'égoutter
- Poser, faire glisser, prolonger
- Étaler, repasser

Préparer des supports de tailles variées : des supports habituels (format A4 ou A3) ; des supports inhabituels (format carte postale ou très grand format comme un rouleau de papier kraft que l'on déroule sur une bâche).

Mettre des outils à disposition :
– des outils habituels (pinceaux, brosses, rouleaux, petites éponges) ;
– des outils inhabituels (rouleaux de peinture murale, brosses extra-larges, brosses à encoller, pinceaux à radiateurs, balais-brosses, éponges pour les gros travaux).
Donner de la peinture. Par économie, utiliser des fonds de peinture ou des peintures vinyliques industrielles bon marché.
Penser également que la couleur noire (peinture ou encre) révèle de façon spectaculaire la trace de l'outil sur un fond blanc !

Préciser les consignes.
Avec l'outil et le format qui ont été attribués, étaler la peinture sur un bord en un seul geste et en épuisant la dose de peinture, puis remplir l'autre moitié du support.
On peut prévoir deux outils et deux supports différents par enfant.
Pour travailler dans de bonnes conditions, diviser la classe en deux : une moitié agit pendant que l'autre observe, et vice versa.

Laisser sécher les travaux.
Associer les réalisations et les outils utilisés.
Demander aux enfants de raconter les difficultés rencontrées pour tenir l'outil, pour le charger de médium, pour le faire glisser… voire les incidents survenus : l'outil qui tombe, qui s'échappe du support sur un geste trop ample ou qui le troue sur un appui trop fort !
Comparer les traces des outils : les traces fines ou larges, les traces homogènes ou accidentées.
Jouer à associer ou à opposer des réalisations :
– celles fabriquées avec le même outil ;
– toutes celles qui présentent des traces larges.

Ces activités de courte durée permettent aux élèves de constater sous plusieurs angles les effets produits, d'être actifs lors d'une synthèse et de prendre la parole dans une situation authentique.

LES PROCÉDÉS DES ARTISTES

Choisir des œuvres où l'on peut lire facilement la trace des outils.

PIERRE SOULAGES (NÉ EN 1919 À RODEZ)

L'artiste choisit d'emblée l'abstraction et ne se préoccupe que de la matérialité de la peinture. Il voue une passion au noir, utilise souvent du brou de noix pour son intensité. Il investit la toile, souvent de très grand format, du seul passage de la brosse ; les traces laissées par l'outil produisent des graphismes puissants.

Peinture sur papier, 1948, brou de noix sur papier marouflé sur toile, 65 x 50 cm, Musée national d'Art moderne, Centre Georges-Pompidou, Paris.

GEORGES MATHIEU (NÉ EN 1921 À BOULOGNE-SUR-MER)

Le peintre engage toute son énergie dans l'acte pictural. Il part à l'assaut de toiles gigantesques sur lesquelles ses pinceaux et ses couleurs épaisses agissent comme des soldats, livrant des batailles passionnées et fulgurantes. La peinture est un show actionniste que le peintre pratique de façon très démonstrative devant le public.

La toile est le champ de bataille du combat spectaculaire mené à un rythme effréné par le peintre comme une passe d'escrime.

La Bataille de Hastings, 1956, huile sur toile, 198,5 x 491 cm, Musée des Abattoirs, Toulouse.

EXPRESSION PERSONNELLE

LAISSER SA TRACE

Laisser les élèves choisir le support, la peinture, l'outil et s'exprimer abstraitement. Les productions individuelles révéleront une succession de gestes effectués avec des outils différents que l'on suit, littéralement, à la trace.

Ici, des rouleaux et des carrés d'éponges.

Là, un chiffon, des brosses larges et des spatules.

Et enfin des pipettes, des languettes en plastique et des tubes.

LA DISTANCIATION : **PEINDRE AVEC UN SEUL OUTIL SANS TOUCHER LA TOILE**

Opérations plastiques
- Tremper l'outil
- Projeter, asperger, faire couler
- Se déplacer, se baisser, se relever

Préparer, pour chaque élève :
- un gros pinceau ;
- de la peinture liquide ;
- un support grand format posé au sol.

Placer le support sur le sol protégé par une feuille de plastique ou du papier journal.
Aménager l'espace pour que l'enfant puisse circuler autour du papier et ne soit pas gêné dans ses mouvements.

Trouver tous les moyens d'investir les supports.

De nouveau, prévoir un affichage des réalisations pour constater, dans un moment de synthèse, les effets plastiques, pour comparer les ressemblances, les différences et les trouvailles, pour faire verbaliser, enfin, les opérations mises en œuvre, ainsi que les difficultés rencontrées.

LES PROCÉDÉS DES ARTISTES

Confronter les expériences des enfants aux œuvres d'artistes qui se distancient de leur support. Regarder des photos et des vidéos de Pollock en action (le Centre Georges-Pompidou édite des cédéroms très complets).

JACKSON POLLOCK (1912- 1956)

Cet artiste américain est confronté très tôt à l'immensité de l'espace environnant (l'Ouest américain) et aux peintures de sable qu'y créent les Indiens Navajo.
Il met au point, en 1947, la technique du *dripping all over* (*to drip* : « égoutter » ; *all over* : « partout ») une peinture physique et gestuelle.
L'artiste se déplace autour du support, qu'il investit de tous les côtés à la fois avec un pinceau, un bâton ou une boîte trouée.

Silver over Black, White, Yellow and Red, 1948, 61 x 80 cm, émail sur papier marouflé sur toile, Centre Georges-Pompidou, Paris.

SAM FRANCIS (NÉ EN 1923 EN CALIFORNIE)

Sam Francis intervient sur le support par des gestes amples et énergiques qui provoquent des taches de couleur pure qui se superposent, se chevauchent ou flottent sur un fond blanc.
Empruntant la technique du *dripping*, il l'exploite différemment en relevant le support (mis à plat dans la phase de projection des médiums, il est ensuite redressé, ce qui provoque des coulées) et en opposant les zones remplies de taches aux zones vierges et vides du fond.
Tout n'est pas plein, *all over*, mais des formes multicolores, volatiles flottent dans des mandalas esthétiques.

Sans titre, 1987, acrylique sur toile, diamètre 152 cm, collection Jean-Fournier, Paris.

APPROFONDISSEMENTS

FAIRE COULER LA PEINTURE

Opérations plastiques
- Verser puis déplacer la boîte
- Presser puis déplacer le flacon

Préparer de la peinture (liquide et épaisse).
Percer une boîte (un seul ou plusieurs trous).
Utiliser des flacons (pour remplir les boîtes facilement ou pour verser la couleur directement sur le papier).

Composer des groupes de trois ou cinq enfants qui interviendront sur le support avec l'outil de leur choix.
Laisser expérimenter chaque enfant avec le flacon et la boîte.

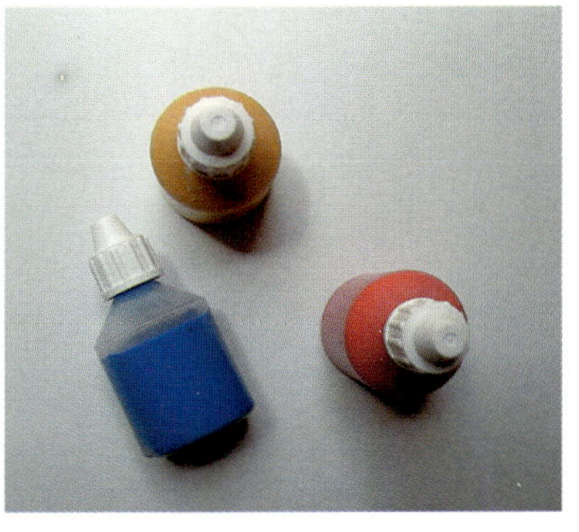

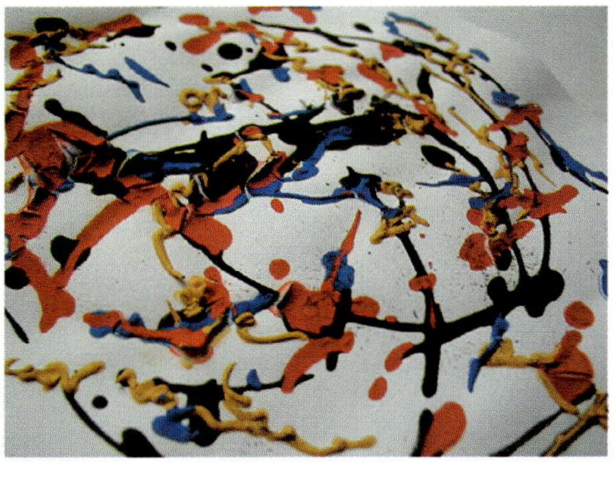

Poser le support sur le sol protégé ou sur une table basse.
Veiller à ce que les enfants puissent circuler autour du papier.

À tour de rôle, les enfants tournent autour du support pour déterminer leur angle d'attaque.
Ils agissent avec rapidité, avec les outils et les couleurs qu'ils préfèrent.

Déterminer un sens pour l'œuvre et la mettre en valeur sur des fonds colorés.

PULVÉRISER LA PEINTURE

Opérations plastiques

- Pomper, presser
- Pulvériser, vaporiser

Récupérer des pulvérisateurs parmi les produits ménagers.
Diluer de l'encre ou de la peinture.
Laisser chaque enfant s'approprier la tenue de l'outil (d'une seule main, à deux mains).

Préparer des supports blancs.
Protéger le sol, la table ou le mur.
Composer des ateliers de trois à cinq élèves pour intervenir sur un même support.
Expérimenter individuellement la technique travaillée.

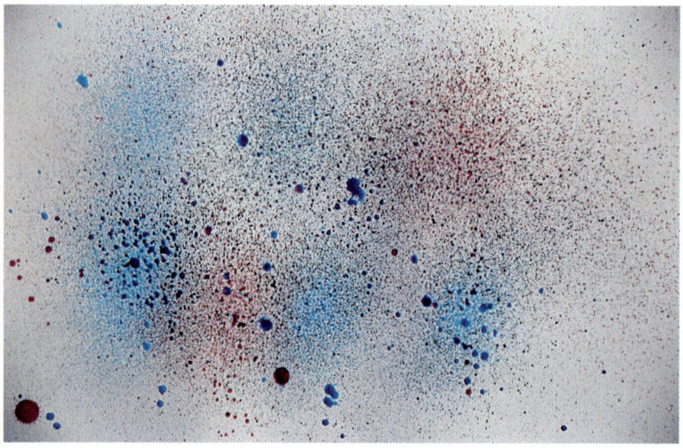

À tour de rôle, les enfants tournent autour du support posé au sol puis pressent le pistolet du pulvérisateur : les effets sont difficiles à contrôler et plusieurs essais sont souvent nécessaires.

Récupérer un grand couvercle de boîte.
Découper des feuilles de papier.
Les glisser dans le couvercle.
Dresser le couvercle contre un mur. Pulvériser la couleur.
Les résultats sont ici complètement aléatoires, impossibles à maîtriser.
Prévoir une bande de papier au fond du couvercle pour visualiser les coulures.

AVEC L'ORDINATEUR

L'ordinateur est l'outil idéal puisqu'il établit une distanciation forcée entre le peintre et le support. Choisir un logiciel de dessin très simple à manipuler (par exemple, Paint).

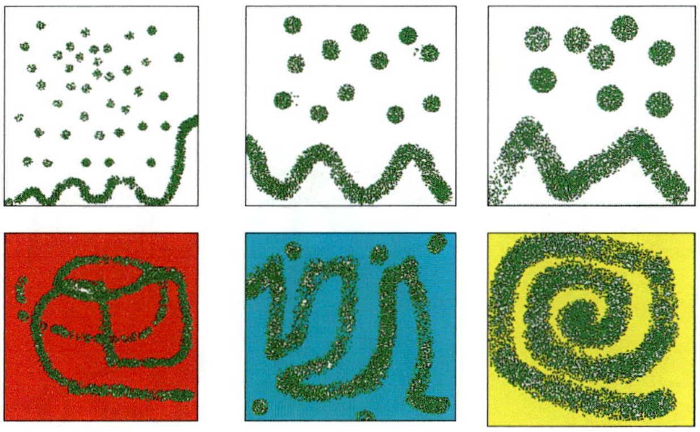

Ouvrir le logiciel et préparer des cadres d'action pour chaque enfant sur une même page :
- sélectionner le rectangle dans la barre d'outils à gauche de l'écran et tracer plusieurs cadres de dessin ;
- cliquer, sur cette même barre d'outils, sur l'icone de l'aérographe ;
- choisir une couleur en cliquant dans le bandeau des teintes ;
- glisser l'aérographe dans le cadre, une fenêtre s'ouvre alors à gauche de l'écran pour que l'on puisse varier la finesse de la pulvérisation ;
- choisir un spectre de pulvérisation et dessiner dans le cadre en maintenant cliqué ;
- sélectionner le pot de peinture puis une autre couleur, cliquer dans le cadre pour ajouter des fonds colorés.

Procéder de même en utilisant l'outil « brosse large » à la place de l'aérographe.

Laisser les enfants s'exprimer librement dans des compositions abstraites ou figuratives, sans limitation d'outils.

BOUGER LE SUPPORT

Opérations plastiques
- Verser
- Incliner
- Bouger
- Diriger, conduire

Les enfants ont observé, en pulvérisant sur un support vertical, le tracé intéressant des coulures. Préparer des feuilles de papier de petit format de natures variées : papier carton, papier Canson, papier glacé… ainsi que des médiums différents : de la peinture, brute ou diluée, de l'encre…

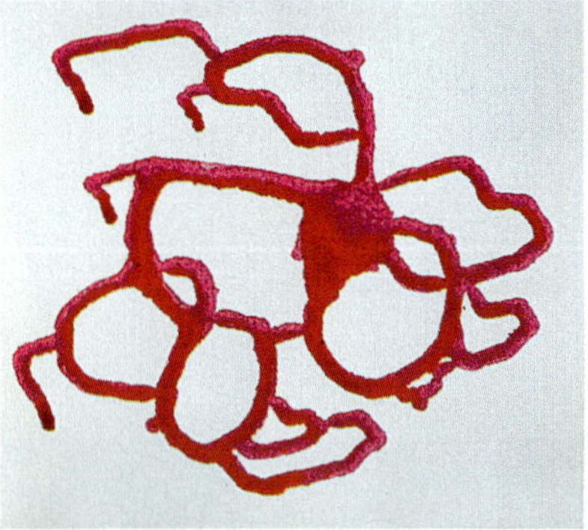

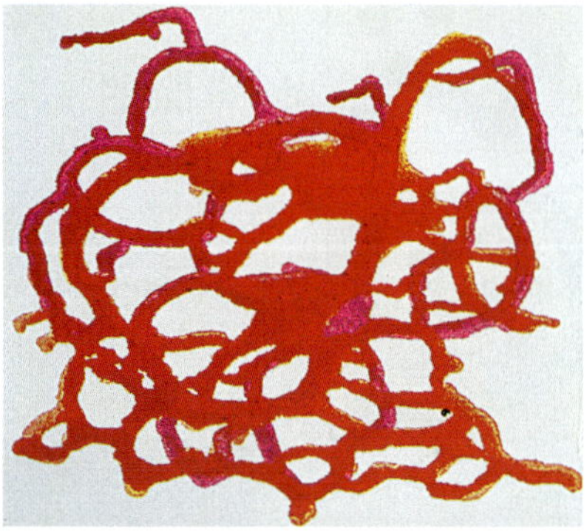

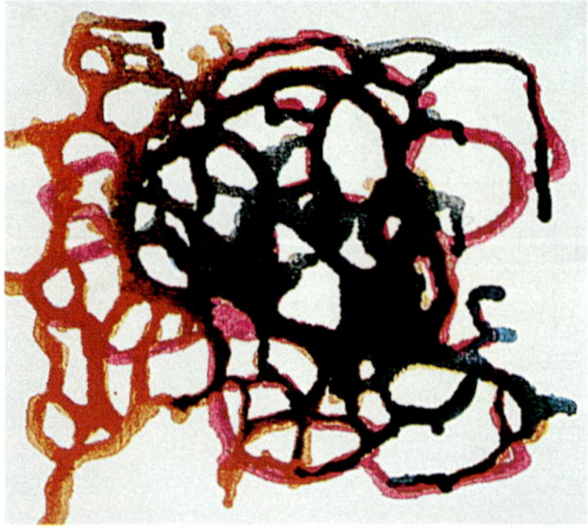

Poser le papier à plat. Déposer au centre une grosse goutte de médium.
Incliner le support chaque fois que la goutte colorée risque de sortir du format.
Le papier qui convient le mieux, si l'on veut faire glisser longtemps la couleur, est le papier glacé.

Laisser sécher la teinte pour déposer une nouvelle goutte d'une autre couleur ou travailler à frais en provoquant des mélanges.

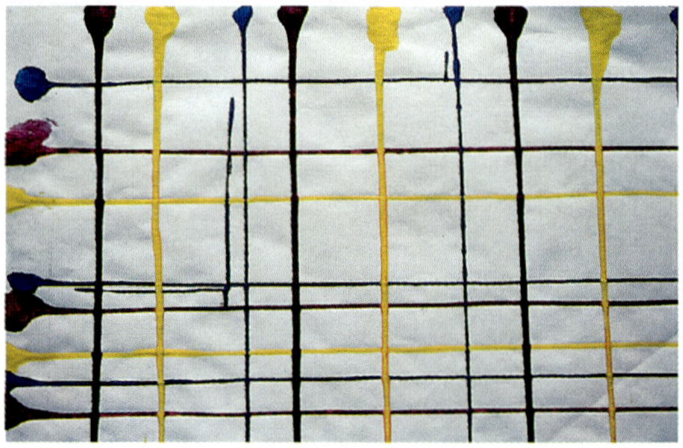

Disposer les taches de façon ordonnée en haut de la feuille.
Relever le support.
Laisser sécher.
Tourner la feuille.

Essayer en déplaçant de grosses taches déposées en haut du papier.

Travailler en grand format sur un carton en chargeant de peinture la partie supérieure.
Redresser le support en faisant ruisseler la couleur.

BOUGER L'OUTIL ET LE MÉDIUM

Récupérer des couvercles (de boîtes de chaussures, par exemple).
Découper du papier et le glisser dans le fond du couvercle.
Préparer de la peinture épaisse.
Tremper dans la peinture un outil qui pourra rouler : caillou, bille, petite voiture...
Saisir l'outil (avec une pince ou une petite cuillère) et le projeter sur le papier blanc.

Faire couler de grosses gouttes d'une seule ou de plusieurs couleurs : privilégier l'encre, plus fluide que la peinture.
Souffler très fort (avec la bouche, avec une paille ou le corps d'un stylo-bille vidé de sa mine pour diriger l'air).

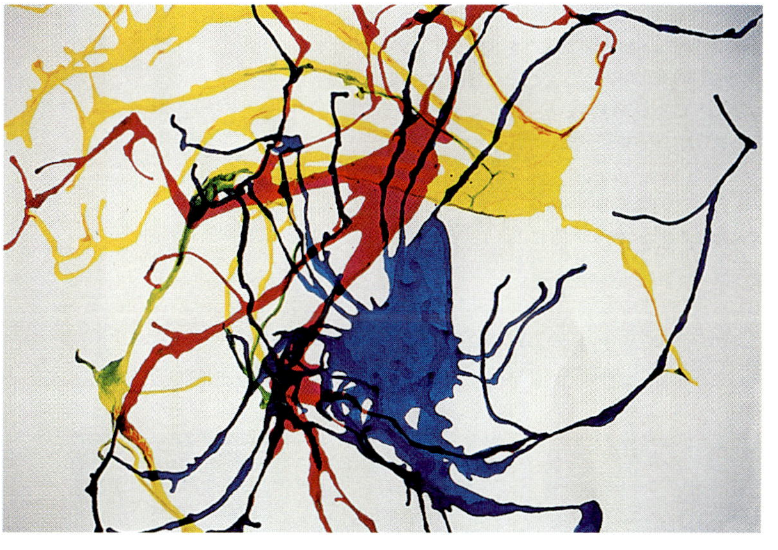

Travailler sur un grand format posé au sol.
Faire couler une bonne dose d'encre.
Brancher le séchoir à cheveux et le diriger vers la tache.
Conduire, accompagner les coulures.
Faire sécher l'encre avec l'appareil avant de repartir sur une autre couleur : les couleurs se superposent sans se mélanger.
Ou bien enchaîner de suite, sans laisser sécher, avec une autre teinte : les couleurs se mélangent aléatoirement.

VERS UNE ŒUVRE À LA GESTUELLE MAÎTRISÉE

Laisser les enfants choisir le format du support, la fluidité et les couleurs du médium, les outils et les procédés.

Des peintures très épaisses, préparées dans des flacons, sont versées directement sur le carton

Les peintures sont écrasées, râtelées par les dents d'un peigne.

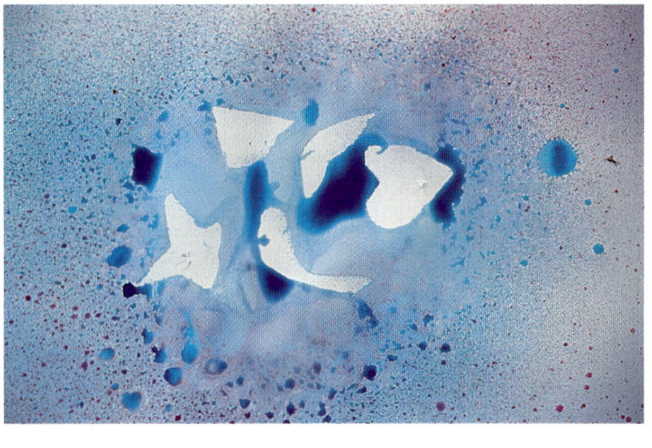

La couleur est pulvérisée autour de formes découpées dans du carton et tenues par une boulette de pâte à fixer, puis ôtées.

La teinte est pulvérisée à l'intérieur des figures évidées (au poinçon pour les plus jeunes, avec des ciseaux après avoir pratiqué une incision avec une pointe pour les plus grands).

SOLLICITATION DES ÉLÈVES

IMPRIMER AVEC DES OUTILS VARIÉS

Il s'agit, comme précédemment avec le gros pinceau et de la peinture, d'inciter les élèves à expérimenter par eux-mêmes une technique simple et d'en explorer les variantes.

Mettre à disposition des enfants : du papier, de la gouache, des carrés d'éponges, des carrés de tissu, des morceaux de carton, des bouchons, des plumes, des feuilles, des fruits coupés en deux ou en tranches, des légumes…
Clarifier la consigne « Imprimer » en montrant un exemple.

Faire la synthèse de l'expérimentation.
Afficher ou poser par terre pour donner à voir les réalisations.
Constater les réussites et les échecs : les expliciter (les outils qui n'absorbent pas la peinture, ceux dont l'empreinte est peu reconnaissable, ceux qui sont peu maniables…).

Lancer un atelier avec un seul outil (par exemple, l'éponge) en faisant varier la charge de peinture et la pression de l'outil.

Prélever un peu de peinture avec l'éponge et imprimer sur toute la surface du papier jusqu'à épuisement du médium.
Tremper franchement l'éponge dans la peinture et imprimer ses reliefs en dosant la pression.
Recharger l'éponge et imprimer toutes ses faces.

LES PROCÉDÉS DES ARTISTES

Certains artistes abstraits travaillent une seule couleur et produisent des monochromes.

YVES KLEIN (1928-1962)

Yves Klein est la figure tutélaire du groupe des nouveaux réalistes et l'homme des monochromes bleus. En 1956, il met au point une formule de bleu outre-mer foncé (International Klein Blue ou IKB) : une couleur unique, vibrante, qui symbolise l'immensité de l'espace et qui sera son matériau de prédilection dans ses *Séries*.
Il expérimente une gamme d'outils peu conventionnels, des objets, des éponges, un lance-flammes et même des corps humains !

L'artiste se sert d'un corps de femme enduit de peinture pour déposer sa trace, son empreinte sur la toile.

Anthropométrie de l'époque bleue (ANT. 82), 1960, pigment pur et résine synthétique sur toile marouflée sur panneau, 156,5 x 282,5 cm, Centre Georges-Pompidou, Paris.

CLAUDE VIALLAT (NÉ EN 1936 À NÎMES)

L'artiste fait partie du groupe Support-Surface qui remet en question le support.
Ici, le plasticien travaille sur un support sans châssis, non tendu, déjà teinté et qui présente des coutures, des reliefs et des accidents dont il doit tenir compte dans la répartition des motifs. Il répète avec un pochoir une forme organique simple, facilement identifiable, qui deviendra sa marque de fabrique.
Il imprime le pochoir chargé de matière colorée en tamponnant la bâche jusqu'à épuisement de la peinture. Il peint à l'intérieur ou à l'extérieur de la forme de façon à combler les vides. Il varie et joue l'opposition des couleurs pour la forme et le fond.

Bâche kaki, 1981, acrylique sur toile de bâche, 320 x 475 cm, Centre Georges-Pompidou, Paris.

APPROFONDISSEMENTS

IMPRIMER AVEC DES OUTILS VARIÉS : **LE CORPS SERT DE TAMPON**

Opérations plastiques
- Enduire, tremper
- Presser, appuyer, imprimer
- Répéter un même geste

Travailler sur des supports blancs et plats, de type feuille ou carton, de format A4 au moins.
Préparer de la gouache non diluée, d'une seule couleur.

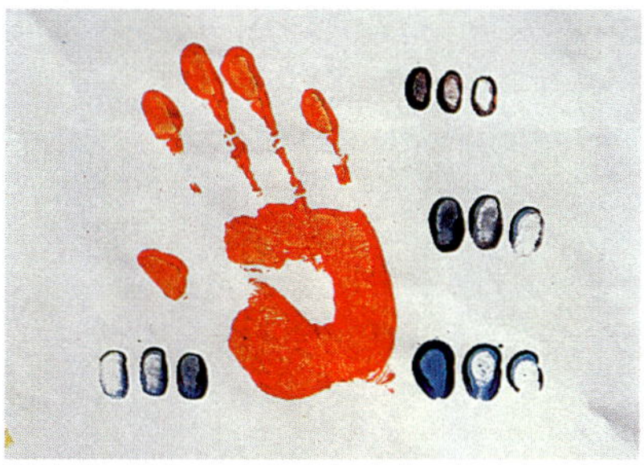

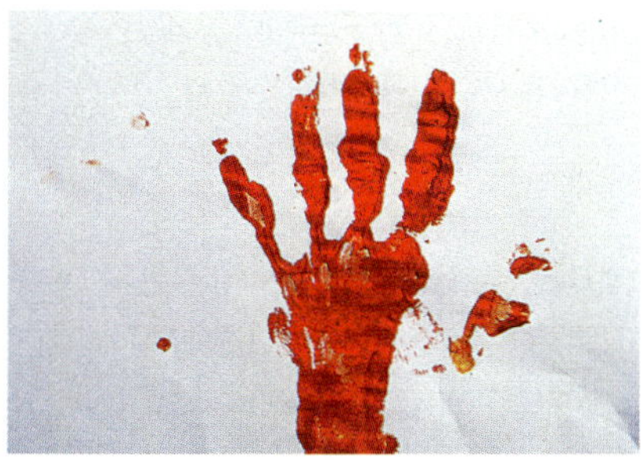

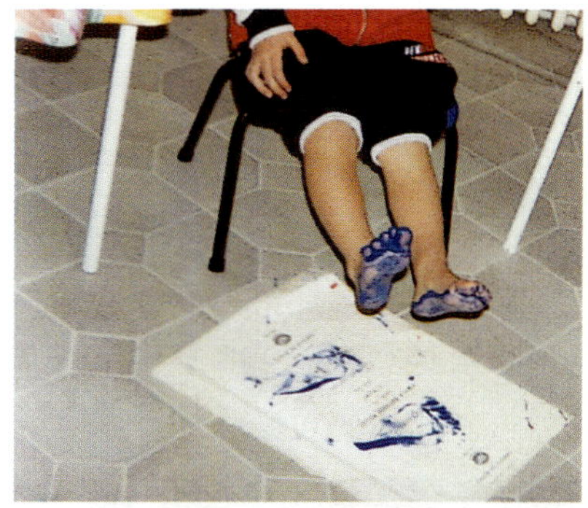

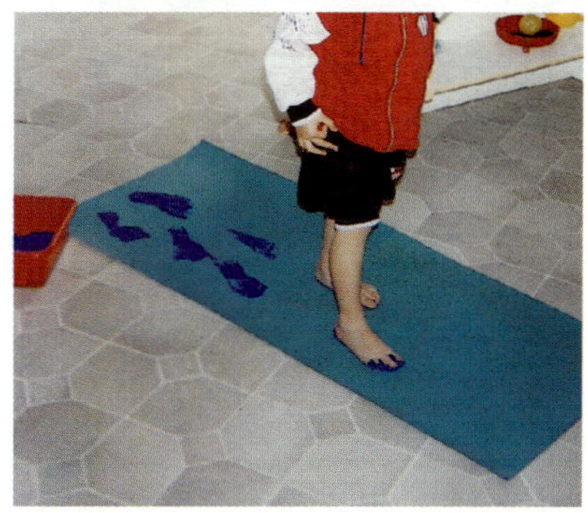

Tremper le doigt dans la peinture. L'appuyer sur le papier. Essayer avec tous les doigts.
Verser de la peinture sur la paume des mains. Les frotter l'une contre l'autre pour bien les enduire.
Appliquer fortement les mains sur le support en pesant de tout le corps.
Répéter l'impression jusqu'à épuisement de la peinture.
Essayer d'imprimer la paume mais aussi le dos, le côté des mains…

Remplir de peinture le fond d'une bassine.
Asseoir les enfants, les déchausser, leur faire tremper les pieds dans le bain de couleur.
Les faire lever pour qu'ils appuient les pieds sur le support, les rasseoir.
Les relever pour qu'ils marchent sur le support en allant jusqu'au bout du parcours défini.

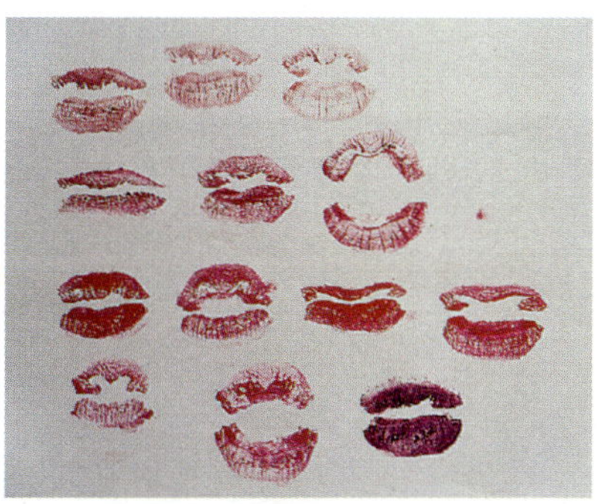

En s'aidant d'un miroir, faire mettre aux enfants du rouge à lèvres (veiller à utiliser un rouge spécial hypoallergénique comme des produits de maquillage pour enfants).
Presser la bouche sur le support.
Varier la pression et la position des lèvres (fermées, entrouvertes, arrondies, qui font un baiser…).

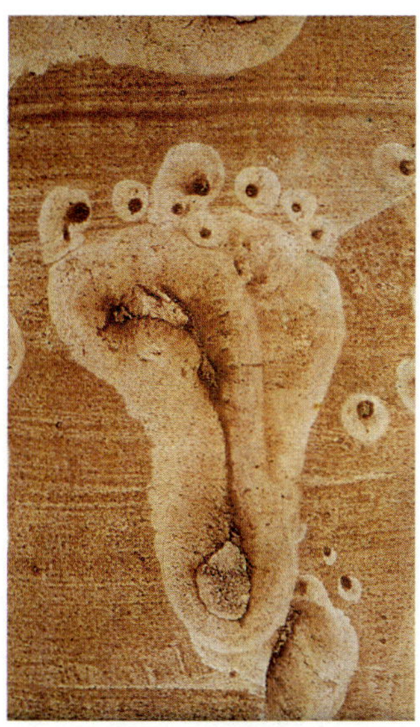

Cette série d'empreintes (doigts, mains, bouche, pieds) peut se faire en utilisant un médium peu onéreux qui évite les problèmes d'allergie et de nettoyage : la terre.
Diluer de la terre tamisée, ocre ou rouge, pour obtenir de la boue fine dont l'accroche sur la peau donne des empreintes d'une grande précision.

CRÉER UNE ŒUVRE COLLECTIVE DE TRÈS GRAND FORMAT

Se procurer un grand support : carton ou bâche.
Choisir des médiums adaptés : gouaches pour le carton, peintures acryliques pour la bâche.
Poser le support au milieu d'un espace dégagé.
Relever les propositions des élèves pour investir le format : qu'imprime-t-on au centre ? en bordure ?
Matérialiser à la craie, sur le support, les zones à travailler.
Si nécessaire, récapituler au tableau l'ordre des actions.

Chaque enfant a une tâche précise à exécuter en autonomie (des impressions de mains et de doigts en bordure) ou avec l'adulte (des parcours colorés avec les pieds).

Le support est mis à sécher puis tendu contre le mur.

SOLLICITATION DES ÉLÈVES

ACCIDENTER LE SUPPORT : **PLIER LE SUPPORT PAPIER**

Opérations plastiques
- Verser le médium
- Plier, presser, déplier le support

Travailler avec des gestes rapides, surtout au moment de déplier le papier en deux selon la technique dite « du papillon », c'est-à-dire avant que la peinture ne colle les pliages, pour que le papier ne se déchire pas.

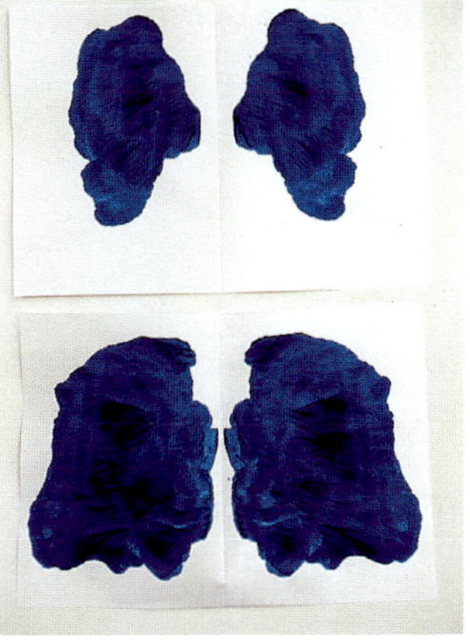

Plier la feuille en deux. La rouvrir et déposer une goutte d'encre sur une partie de la feuille.
Plier, lisser, ouvrir la feuille.
Varier la grosseur de la tache de peinture, son emplacement, la pression de la main sur le papier.

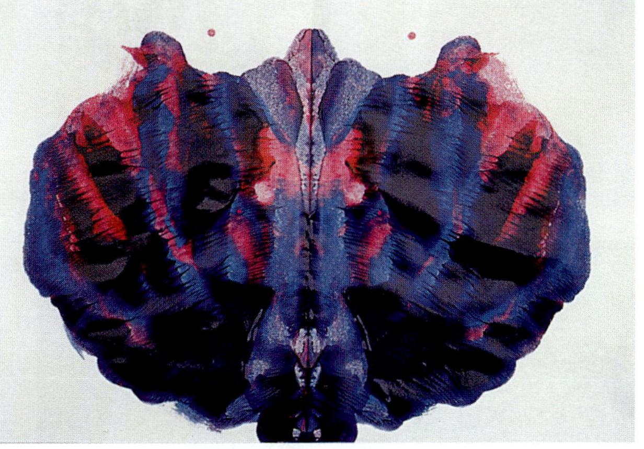

Sur une autre feuille, introduire plusieurs gouttes de couleurs et la plier en deux.
Variante : faire couler non plus quelques gouttes, mais un lacis de couleurs différentes, puis plier la feuille en deux.

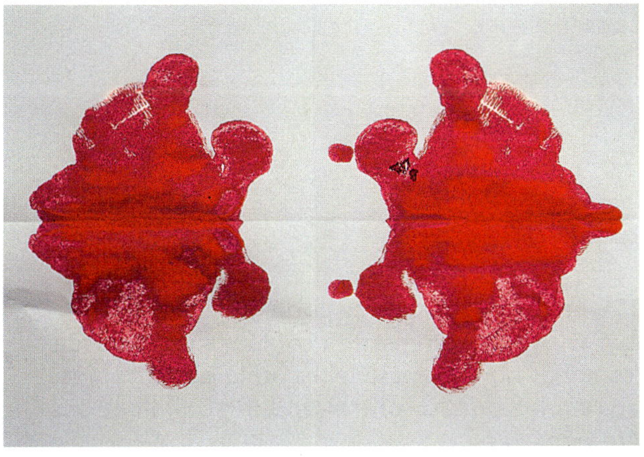

Recommencer sur une nouvelle feuille en repartant avec une seule couleur, mais en pliant le papier deux fois :
– d'abord en deux et verticalement ; l'ouvrir ;
– puis en deux et horizontalement ; l'ouvrir.

Démarrer avec une seule couleur. Plier le support dans le sens de la largeur. Le déplier.
Verser une autre couleur sur un point de départ différent. Plier le support deux fois dans le sens de la largeur (la feuille est alors pliée en quatre).
L'ouvrir.
Recommencer avec une autre couleur et plier le support plusieurs fois (en six, et ainsi de suite).

SOLLICITATION DES ÉLÈVES

Opérations plastiques

- Plier, pincer, froisser
- Verser, faire couler
- Asperger, vaporiser, pulvériser
- Déplier, défroisser

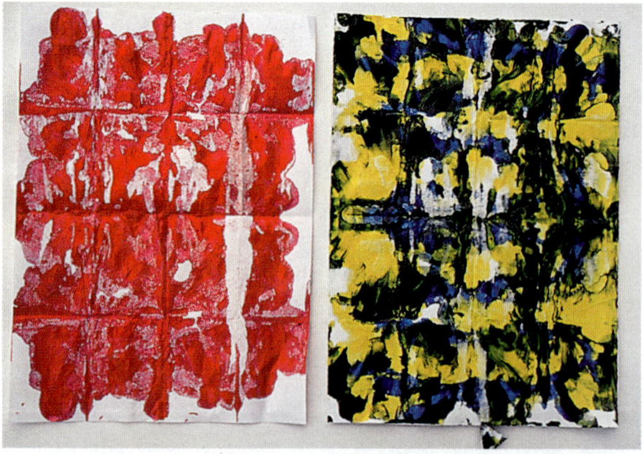

Investir tout le support en faisant couler un réseau d'une ou de plusieurs couleurs.
Plier le papier le plus grand nombre possible de fois sans l'ouvrir.
Attention, la peinture dégoulinant des pliures, il faut protéger la table de travail.
Déplier sans attendre et en prenant garde de ne pas déchirer la feuille.

Pincer, plier, froisser du papier, raide ou mou (papier à photocopier, papier de soie ou papier pelure).
Vaporiser, asperger le support accidenté.
Laisser sécher.

Plier en accordéon des papiers différents : varier la largeur et le nombre de plis.
Vaporiser, asperger, faire couler le médium sur le support accidenté.
Laisser sécher.

Déplier, défroisser les papiers.
Observer comment la couleur s'est diffusée : les zones homogènes, celles où la peinture s'est accumulée ou, au contraire, celles qui n'ont pas été pénétrées.
Expliquer pourquoi :
– le papier froissé a absorbé la couleur, la teinte bleue était très diluée dans le vaporisateur, il aurait fallu travailler avec de l'encre foncée ;
– le papier en accordéon a canalisé la peinture dans ses plis.

LES PROCÉDÉS DES ARTISTES

SIMON HANTAÏ (NÉ EN 1922 EN HONGRIE)

Simon Hantaï expérimente, dès 1960, la technique du pliage, ce qui lui permet d'établir un rapport distancié avec l'œuvre et de renouveler les gestes de la peinture.
Le travail de Hantaï est une vaste série fondée sur les différentes façons de plier. Ici, la série des *Mariales* (« manteaux de la Vierge ») est inspirée des vitraux des cathédrales et est née à la suite d'une visite à Chartres.
La toile sans châssis est pliée de façon régulière et ce sont les parties restées en surface qui sont enduites de peinture. Le geste est systématique et la couleur monochrome. Une fois dépliée, la toile révèle un réseau coloré où apparaissent en blanc les zones de réserve.
Dans d'autres séries, seule la partie centrale est pliée après avoir reçu plusieurs couches de couleurs superposées *(Les Catamurons)*, ou bien la toile est pliée aux quatre coins et au centre après enduction d'une couleur unique *(Les Meuns)*.

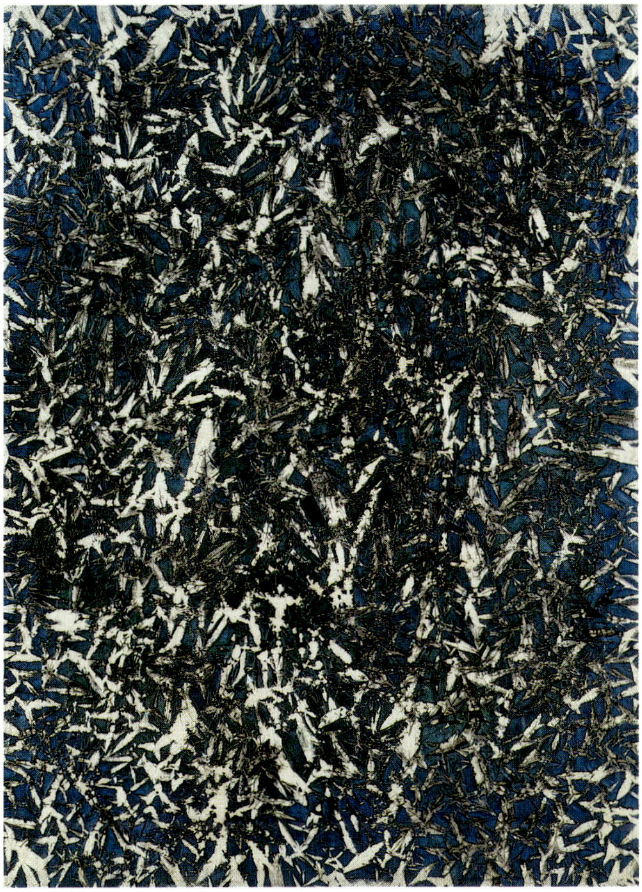

Mariale M. A. 3, 1960, huile sur toile,
293,6 X 209,5 CM,
Centre Georges-Pompidou, Paris.

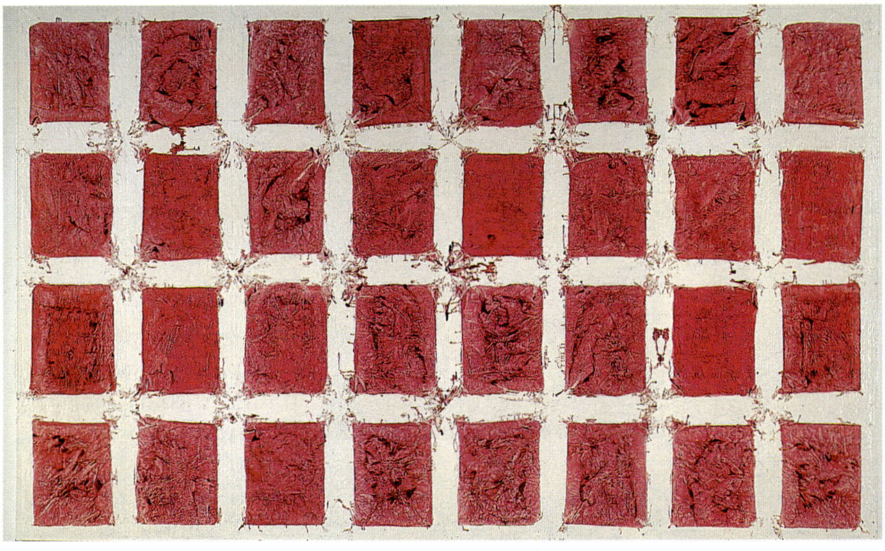

Tabula, 1980, Musée national d'Art moderne,
Centre Georges-Pompidou, Paris.

APPROFONDISSEMENTS

INTERVENIR SUR LE SUPPORT : **LE TISSU**

Opérations plastiques
- Plier, froisser, rouler, pincer, nouer
- Verser, faire couler, asperger, vaporiser, pulvériser
- Dénouer, déplier, défroisser, tendre

Réinvestir sur une autre nature de support, le tissu, pour éprouver les qualités d'absorption et la malléabilité de ce matériau.
Récupérer des tissus en coton.
Découper des carrés.

De manière aléatoire.

Plier (varier et agencer les plis car, ici, le matériau est souple et se prête à beaucoup de manipulations), froisser, rouler en boule le tissu.
Projeter la peinture.
Laisser sécher.

Déplier les morceaux de tissus.
Observer, comme pour le papier, la pénétration de la peinture.
Expliciter pourquoi certaines zones sont très chargées ou d'autres encore vierges.

Ménager intentionnellement des zones de réserve.

Pincer le tissu et le nouer avec de la ficelle ou des bouts de ruban.

Ou encore, poser sur le tissu des objets divers : cailloux, billes, bouchons…
Envelopper l'objet et fermer la poche de tissu par un ruban, une ficelle, un élastique…

Choisir ensuite un côté, une face du tissu.
L'agencer librement sur le sol ou sur la table protégée.
Projeter le peinture.
Laisser sécher.

Déplier, dénouer le tissu et ôter les billes.
Constater les effets graphiques (les motifs en étoiles) des zones de réserve.

On peut également jouer sur les torsades.
Étaler un carré de tissu en coton. Projeter librement une couleur sur la surface du tissu.
Rouler l'étoffe en torsade.
Dérouler le support.
Verser dessus une ou plusieurs autres couleurs.
Rouler de nouveau le support.
Tordre, plier la torsade pour accentuer le mélange des teintes.

Dérouler le tissu.
Observer comment les couleurs se sont mélangées.

EXPRESSION PERSONNELLE

RÉINVESTIR LES TECHNIQUES EN CRÉANT UN DÉCOR DE THÉÂTRE

Proposer aux enfants d'investir un très grand support (par exemple, un drap) qui servira de décor au spectacle de fin d'année ou à la fête de l'école.

Rouler le drap en attendant pour ne pas encombrer l'espace classe, puis le dérouler et le tendre sur le mur au moment de s'en servir. Le rigidifier par un châssis ou une simple baguette de bois glissée dans un ourlet pour plomber le tissu.
Le drap peut se prêter à d'autres types d'accrochages : suspendu sur une corde par des crochets ou des pinces, perforé sur la bande du haut et enfilé sur une tringle puis froncé ou déployé comme un rideau, posé au sol comme un tapis protégé d'une feuille de plastique, etc.
Déterminer la surface du support.
Le poser au sol dans un endroit dégagé.
Inventorier les propositions des élèves pour investir le support. Dessiner une maquette très sommaire pour rappeler à chacun ses zones de travail, les couleurs et les outils choisis.

Certaines parties nécessitent un travail d'équipe et une bonne coordination des actions, comme ici des projections successives.

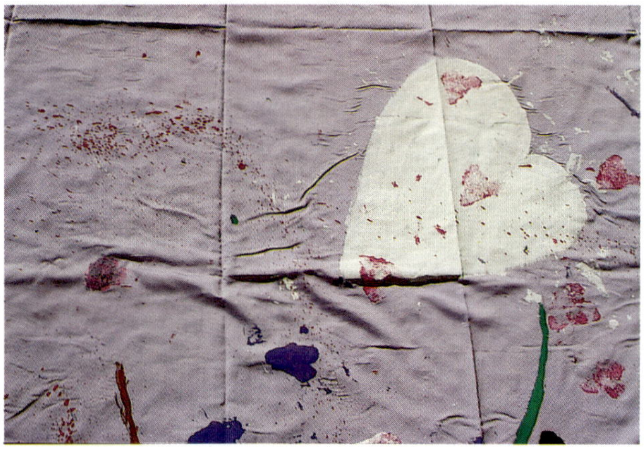

La réalisation d'autres zones fait appel à un travail individuel en autonomie, comme le dessin, le découpage, la mise en place d'un pochoir pour ménager une réserve blanche sur le fond qui est coloré au pulvérisateur.

On peut également retailler les essais des enfants, sélectionner les fragments intéressants et les assembler après les avoir repassés : les coller, les agrafer, les coudre, etc.

SOLLICITATION DES ÉLÈVES

ADJOINDRE DES MATIÈRES À LA PEINTURE

Opérations plastiques
- Étaler
- Griffer, gratter, racler
- Coller, décoller, arracher

Préparer de la peinture. Choisir de travailler sur un nombre limité de couleurs.
Mettre à disposition des élèves des matières à ajouter : de la farine, du sucre, du plâtre, du sable, des cendres de bois, de la lessive en poudre, de la poudre de craie, des feuilles séchées et émiettées… ; des supports épais taillés dans du carton de récupération (emballages, boîtes de chaussures…) ; des outils pour mélanger et étaler : des cuillères, des spatules, des brosses larges, etc.

Travailler avec de la peinture, de la colle et des matériaux (des végétaux, du sable, de la craie pilée, du sel, du sucre, des copeaux, du coton, du papier absorbant, du tissu, de la laine…) à intégrer :
- en surface, en les saupoudrant ;
- en profondeur, en les enfonçant dans le médium.

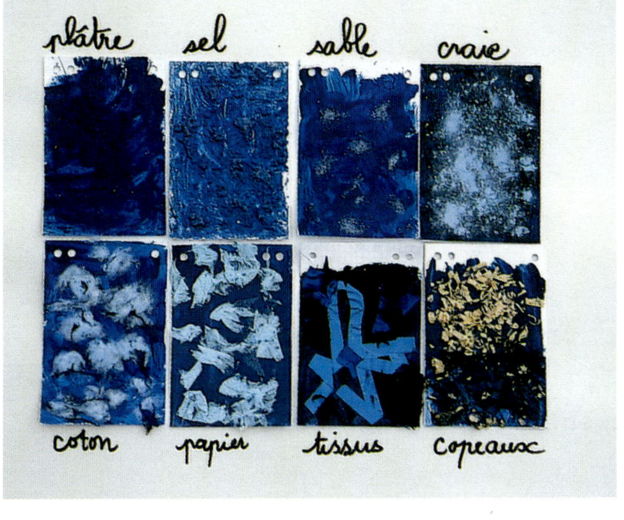

Découper toutes les productions.
Les trier en fonction de critères tels que la matière ajoutée.
Composer un affichage à partir des productions les plus maîtrisées.

ÔTER DE LA MATIÈRE

Opérations plastiques

- Étaler
- Griffer, gratter, racler
- Coller, décoller, arracher

Enlever du médium est une opération qui permet d'inscrire sa trace, de dessiner dans la matière fraîche ou sèche.

Étaler la peinture, une fine couche de rouge et de bleu, très énergiquement au chiffon puis à la main, puis la griffer avec les ongles.

Superposer les couleurs passées à l'éponge. Un outil pointu (un capuchon de stylo, par exemple) gratte la matière pour inscrire des traits.

La matière colorée (ici, peinture et plâtre) est lissée à la spatule puis rayée par les dents d'une fourchette.

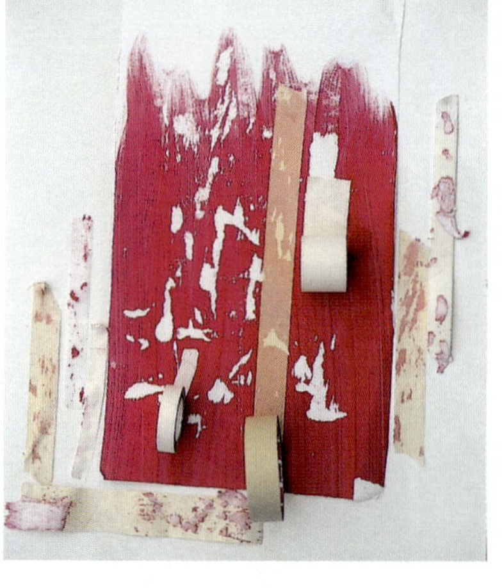

La peinture est décollée, arrachée par de l'adhésif : les effets diffèrent suivant la largeur, la longueur, le pouvoir d'adhésion des bandes.

EXPRESSION PERSONNELLE

DES TABLEAUX MATIÉRISTES

Laisser les enfants exprimer leurs idées personnelles pour composer de petits tableaux matiéristes à mettre en valeur dans un cadre ou sur un fond cartonné (et à offrir à la fête des Mères, par exemple).

Un carton est enduit de peinture bleue épaissie par de la farine et de la colle. Le support coloré est ensuite saupoudré de sable. Des coquillages collés complètent ce paysage marin.

Tailler des crayons et récupérer des copeaux aux bordures colorées.
Les copeaux sont déroulés et aplatis sur un fond uni fait de peinture mélangée à de la colle.

Suivre la même démarche en remplaçant les copeaux par des fleurs séchées immergées dans le médium frais et posées rapidement sur le fond peint.

Des végétaux séchés sont intégrés dans de la colle très légèrement teintée, ce qui a pour effet de les vernir.
Les enfants ont cherché des toiles encadrées dans des revues et ont découpé les cadres pour les coller sur une partie de leur composition.

INTERDISCIPLINARITÉ

QUELQUES IDÉES D'ACTIVITÉS INTERDISCIPLINAIRES AUTOUR DES GESTES DU PEINTRE : UNE OU PLUSIEURS PISTES À CHOISIR JUDICIEUSEMENT

Découvrir le monde

DÉCOUVERTE SENSORIELLE DES OBJETS

- Les médiums : explorer leurs qualités plastiques (la fluidité, l'épaisseur, le pouvoir couvrant) et leurs caractéristiques visuelles (la transparence, l'opacité, la brillance, la matité, le lisse, le rugueux)
- Les outils : les reconnaître, les décrire, les comparer (taille, masse, contenance, forme, la trace produite, la performance, la façon de les tenir)

EXPLORATION DU MONDE DE LA MATIÈRE

- Découvrir les propriétés de quelques matières : la solidité, la rigidité, la souplesse, la résistance, le pouvoir d'absorption des matières usuelles comme le papier, le carton, le tissu, etc. Par exemple : mouiller, déchirer du papier fin, épais, cartonné ou plastifié, du tissu fin, épais…

DÉCOUVRIR LE MONDE DES OBJETS, ÉDUCATION À LA SÉCURITÉ

- Jouer avec des outils, les manipuler
- Découvrir leurs usages
- Les détourner de leur fonction
- Les démonter, les remonter
- Prendre conscience des risques (objets dangereux)

Maîtrise de la langue

VOCABULAIRE

- Reconnaître, mimer, nommer des gestes, des actions
- Reconnaître, nommer des outils
- Utiliser le lexique spécifique aux arts plastiques, l'enrichir (verbaliser les opérations plastiques)

ÉCRITURE

- Se familiariser avec les graphies des verbes d'action

POÉSIE

- Créer des poésies sur les gestes de la peinture

Gros plan sur la maîtrise de la langue

Faire nommer, voire mimer si besoin est, les gestes de la peinture en s'appuyant sur des réalisations d'élèves.
Par exemple, les élèves peuvent lister les actions : *tremper le pinceau, projeter, asperger, faire couler, égoutter, tacher, pulvériser la peinture, bouger, incliner, plier, froisser, rouler, nouer, tordre, déplier, tendre le support.*

Écrire les verbes au tableau puis sur des bandes de papier.
Essayer des opérations plastiques sur le papier pour illustrer la graphie du mot, le rendre facilement identifiable : comment traduire visuellement, par exemple, *asperger, tordre, bouger* ?
Ne retenir que les verbes qui ont trouvé une traduction : par exemple, pour *asperger* ou *tordre*, il suffit d'asperger ou de tordre le papier ; *bouger* est à éliminer.

Proposer aux élèves la lecture d'un poème, comme celui, ci-dessous, de Jean Tardieu, dont la structure servira de modèle :

Le peintre enroule déroule
plie détord aplatit
casse éparpille effiloche
fronce festonne tortille
tache taraude ravaude
installe accroche répartit
étire boucle débrouille
désigne lance, — et s'en va. [...]

Jean Tardieu, *L'Espace et la Flûte*, © éd. Gallimard.

Laisser choisir à chaque élève une bande de papier : placer toutes les étiquettes des verbes en une suite ordonnée (horizontalement ou verticalement).
Sur le squelette du poème de Tardieu, les enfants, à tour de rôle, viennent mimer puis dire leur texte (ils peuvent faire les deux ou jouer à dire certains verbes et mimer sans les dire les actions les plus expressives).
Enfin, le poème peut être mimé, chanté ou sonorisé, ou les trois ensemble : les bruits des actions (le bruit caractéristique du pulvérisateur, celui du papier que l'on froisse, du ruban adhésif que l'on arrache...) sont recréés avec du matériel et se combinent avec des bruits refaits avec la voix (par exemple, *é-taaaaa-ler*).

Nous avons mouillé, pulvérisé, aspergé, étalé, arraché, plié puis nettoyé et rangé !

Le peintre étale, tache, griffe, froisse, noue, tord et s'en va !

La peinture en action

DE LA PAROI AU MUR DE LA VILLE

Dès la préhistoire, la main est le premier outil de l'artiste. Il la prolonge cependant par d'autres outils plus sophistiqués comme le pinceau de poils ou de crins, ou le tube creux. Il souffle la couleur pour la pulvériser autour d'un pochoir d'écorce ou de peau ou pour remplir en les modelant certaines zones de ses dessins.
Difficile à maîtriser, cette technique, qui produit des effets vaporeux et subtils, sera longtemps absente pour réapparaître à la fin du XIXe siècle avec l'invention de l'aérographe. L'artiste se distancie du support, tout en dominant la peinture. Au XXe siècle, le peintre se dégage alors de la copie de la nature et s'engage sur la voie de l'abstraction, privilégiant l'exploration des qualités du support, l'expérimentation des outils, des gestes et des matières. Il affirme la réalité physique du tableau.

Le plasticien travaille désormais sur de très grands formats avec des outils souvent empruntés à la panoplie du peintre en bâtiment, inhabituels et détournés de leur fonction première. Il prépare son médium, de la peinture acrylique, de l'huile, des peintures très liquides ou pâteuses, épaissies par l'adjonction de matériaux les plus divers. Il projette la peinture en privilégiant l'abstraction, la spontanéité du geste et en acceptant de jouer avec le hasard, l'aléatoire. Le travail de la série multiplie des œuvres vite exécutées, parfois ratées, et où seules comptent la démarche et l'expérimentation.

Hans Namuth, « Jackson Pollock procédant au *dripping* de *Number 29*, 1950 », photographie extraite du film réalisé par Hans Namuth et Paul Falkenberg : *Long Island 1950-1951.*

Bibliographie

AUTOUR DE LA PÉDAGOGIE DES ARTS VISUELS

Daniel Lagoutte, *Enseigner les arts visuels*, Hachette Éducation, coll. « Pédagogie pratique à l'école », 2002.

Daniel Lagoutte, *Les Arts plastiques, contenus, enjeux et finalités*, Armand Colin, 1990.

Daniel Lagoutte, *Arts et savoirs en maternelle : explorer et agir*, Magnard, 2002, t. I.

Claude Reyt, *Les Arts plastiques à l'école*, Arman Colin, 1998.

L'Éducation artistique à l'école, MEN/Direction des Écoles/CNDP/Savoir-Livre, diffusion Hachette Éducation, 1993.

Bernard-André Gaillot, *Arts plastiques, éléments d'une didactique critique*, PUF, coll. « L'éducateur », 1997.

L'École avant 6 ans, Bordas, coll. « R. Tavernier », 1985.

Nicole Morin, Ghislaine Bellocq, *Des techniques au service du sens*, CRDP Poitou-Charentes, 2004.

AUTOUR DU THÈME PRÉSENTÉ AUX ENFANTS

Aline Rutily, *Matières et couleurs avec les 5-6 ans*, Nathan, coll. « Une année de », 1991.

Aline Rutily, *Projections et coulures avec les 3-4 ans*, Nathan, coll. « Une année de », 1998.

Hervé Heurteau, *Matières et collages avec les 5-6 ans*, Nathan, coll. « Une année de », 1989.

Frédérique Lefèvre, *Traces à la peinture avec les 2-3 ans*, Nathan, coll. « Une année de », 1994.

Sylvie Dupuis, *Peindre sur tous supports avec les 4-5 ans*, Nathan, coll. « Une année de », 1998.

Aventure picturale, gestes et outils, CDDP de la Creuse, 1991.

Yvette Jenger-Dufayet (sous la dir. de), *Des chemins pour l'art : pratiquer les arts plastiques à la maternelle*, Nathan, 2001.

Catherine Franck-Dandres, *L'Atelier de peinture*, Dessain et Tolra, 2002.

Colette Bernadac, Dominique Astori, *Mains et merveilles, 100 techniques pour créer*, Magnard, 1990.

AUTOUR DES ŒUVRES PRÉSENTÉES AUX ENFANTS

Lecture d'œuvres picturales, éd. Jocatop, Morières-les-Avignon, 1995.

Christophe Domino, *L'Art contemporain*, Scala/Centre Georges-Pompidou, coll. « Tableaux choisis », 1994.

Rolande Guimbretière, Vincent Rousseau, *Trois Temps, Trois Mouvements : art moderne et contemporain à l'école maternelle*, Nantes, CRDP des Pays-de-la-Loire, 1993.

Aline Rutily, *Le Bleu*, Nathan, coll. « Images d'artistes », 1998.

Daniel Lagoutte, *La Valise-atelier, 40 œuvres d'art pour la pratique artistique à l'école*, Hachette Éducation.

L'Image de l'art, L'Image de l'art, Livre I, 1991.

Pierre Dufayet, *Des peintres à l'école, apprendre à voir et savoir faire*, Nathan, 1989.

Anne Baldassari, *Simon Hantaï*, Musée national d'Art moderne / Centre de création industrielle / Centre Georges-Pompidou, Paris, coll. « Jalons », 1992.

Hannah Weitemeier, *Yves Klein*, Benedikt Taschen, 1995.

Lionel Richard, *L'Aventure de l'art contemporain de 1945 à nos jours*, Le Chêne, 2002.

CÉDÉROM

Ayshe Farman Farmaian, Daniel Kapelian, Michel Jaffrenou, *Le Centre Georges-Pompidou, Le musée virtuel de l'art du XXe siècle*, Emme, 1997-2000.
Ce cédérom montre dans ses dossiers thématiques (« Les gestes », « Le corps ») des photos et des vidéos d'artistes en pleine action.

TABLE DES SÉANCES

Premiers gestes en peinture

Pas à Pas en arts plastiques MATERNELLE

Rouge, jaune, bleu

Remerciements
Je remercie les enseignantes des stages de maternelle « Malle bleue et malle couleurs » pour les réalisations entreprises dans leurs classes.

Séquence « Sensibilité, imagination, création »

Autour de la notion de couleurs primaires

OBJECTIFS VISÉS :

- Éduquer le regard vis-à-vis des couleurs dans l'environnement quotidien
- Exploiter plastiquement les objets en couleur(s)
- Acquérir des notions sur les couleurs primaires : pureté, valeurs
- Expérimenter pour modifier les caractéristiques d'une couleur
- Constater des effets plastiques
- Voir et peindre le monde avec une seule couleur
- Connaître et comparer des démarches d'artistes
- Se constituer une culture artistique
- Suivre son propre chemin de création

SOLLICITATION DES ÉLÈVES

UNE COLLECTE D'OBJETS ROUGES, JAUNES, BLEUS :
COLLECTER DES OBJETS EN COULEUR

Choisir trois objets de l'environnement quotidien des enfants dont la forme est facilement identifiable (par exemple : un gant rouge, une banane jaune, une brosse à cheveux bleue).

- Emballer les objets avec du papier fin en veillant à ce que la forme reste reconnaissable.
- Placer les objets dans un panier pour ménager un effet de surprise.
- Présenter les objets : inciter les enfants à les toucher, à les soupeser, à les sentir et à formuler des hypothèses sur leur nature.
- Découvrir les objets : retirer leur film d'emballage, les nommer, les caractériser (préciser leur forme, leur poids, leur taille, leur matière, leur couleur).

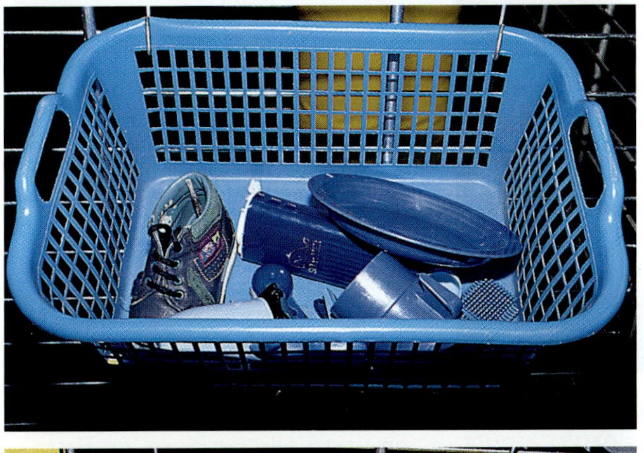

Préparer trois corbeilles de couleur différente (une rouge, une jaune, une bleue) et placer dans chacune d'elles l'objet qui a la même couleur (le gant dans la rouge, la banane dans la jaune, la brosse à cheveux dans la bleue).

- Constituer trois équipes d'élèves : l'équipe des rouges, celle des bleus et celle des jaunes.
Les différencier par un signe distinctif (un brassard de couleur, par exemple).
- Charger chaque équipe d'explorer la classe ou l'école à la recherche d'objets qui peuvent être contenus dans la corbeille qui lui a été attribuée.
- Demander à chaque groupe de venir à son tour vider la corbeille devant la classe, de nommer les objets, de vérifier sa couleur.
- Sélectionner les objets particulièrement intéressants, éliminer ceux qui sont en double, ceux qui sont dangereux à manipuler ou trop fragiles.

UNE COLLECTE D'OBJETS ROUGES, JAUNES, BLEUS :
EXPLORER TACTILEMENT LA SÉLECTION D'OBJETS

La découverte sensorielle (ici, visuelle puis tactile) permet à l'enfant d'explorer les objets, de les reconnaître, de mettre en ordre les perceptions éprouvées, de les décrire grâce au langage.
Les activités que l'enseignant propose pour enrichir et développer les aptitudes sensorielles des enfants doivent, pour être efficaces, se dérouler dans des conditions favorables :
– s'organiser en petits ateliers plutôt qu'en groupe classe ;
– être de courte durée ;
– se répéter régulièrement mais en introduisant des variantes ;
– s'effectuer dans le calme en sollicitant l'attention des participants.
Elles contribueront alors à l'enrichissement progressif du vocabulaire de chaque enfant et à son réinvestissement en expression orale puis écrite.

Disposer les objets d'une même couleur sur une table :
– les faire énumérer un à un puis associer à chacun une caractéristique de sa couleur (claire/foncée, terne/brillante, pure/nuancée…) ;
– les recouvrir d'un tissu ;
– asseoir un groupe d'élèves autour de la table, leur bander les yeux ;
– leur demander de glisser les mains sous le tissu pour partir explorer l'objet le plus proche ;
– faire verbaliser leurs sensations immédiates et faire reconnaître l'objet.

Boîte tactile avec des manches pour introduire les bras des explorateurs.

Fabriquer une boîte à toucher qui permet une reconnaissance tactile et un affinement des sensations éprouvées : choisir un grand carton qui s'ouvre par-derrière pour permettre à tous de suivre l'exploration en cours, le percer de deux trous pour enfiler les mains de l'explorateur.
Après avoir touché, il faut décrire :
– la taille (l'objet est grand ou petit) ;
– la forme (ovale, carrée, rectangulaire, triangulaire, longue ou courte) ;
– le poids (il est léger ou lourd) ;
– la matière (en matière plastique elle est molle, en verre elle est dure, en tissu elle est douce ou râpeuse) ;
– la texture (elle est parfaitement lisse ou grumeleuse) ;
– la sensation (agréable - elle est tiède et douce - ou désagréable - froide et dure).

SOLLICITATION DES ÉLÈVES

UNE COLLECTE D'OBJETS ROUGES, JAUNES, BLEUS : PROLONGEMENTS EN ATELIERS DE 6 ÉLÈVES

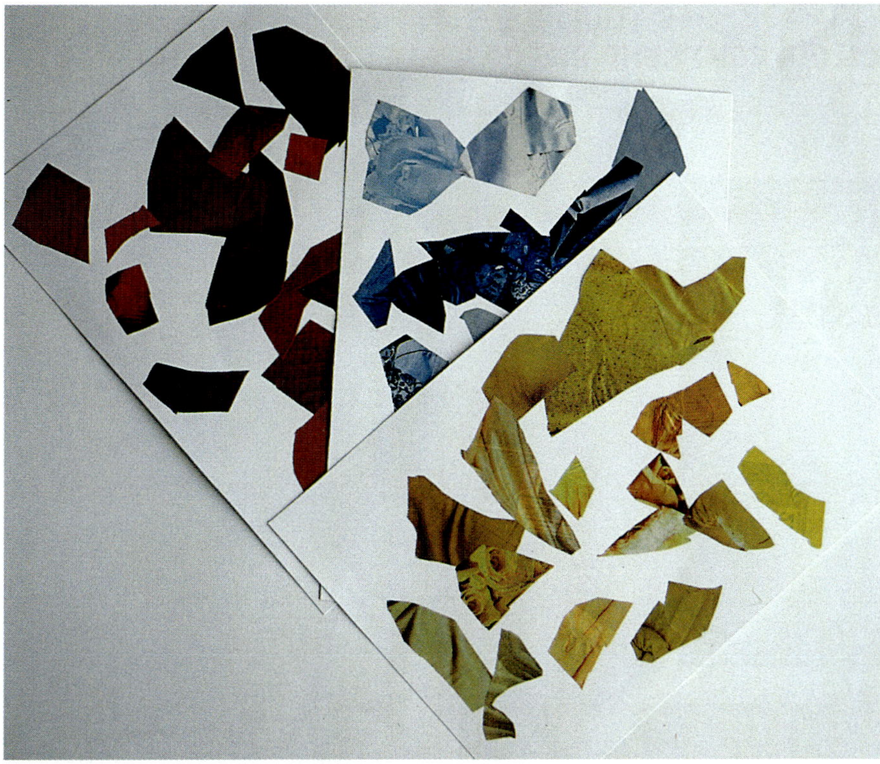

Atelier 1

- Vider tous les objets sélectionnés sur le tapis.
- Fournir les trois corbeilles de couleur vides.
- Demander aux enfants de replacer chaque objet dans la corbeille qui convient.
- Ajouter sur le tapis des intrus (des objets nouveaux de la même couleur ou des objets dont la couleur ne correspond pas à celle de la corbeille).
- Inviter les enfants à découvrir les intrus, à les mettre à part, à expliciter les raisons de leur choix.

Atelier 2

- Dessiner (ou photographier avec l'appareil numérique puis imprimer) les objets de chaque corbeille.
- Préparer des cartes (4 cartes par feuille A4) avec les dessins ou les photographies des objets, les découper.
- Constituer une « pioche » où chaque enfant vient tirer des images.
- Proposer à chaque élève de repasser les contours de l'objet, de le colorier avec la couleur qui convient puis de placer sa carte dans une boîte en couleur *ad hoc*.
- Vérifier avec la corbeille et les objets réels que les cartes d'identité des images sont bonnes.

Atelier 3

- Préparer, par couleur, une fiche-inventaire des objets sélectionnés.
- Demander aux enfants de découper les dessins, de trier et d'associer les images, de les coller sur une grande feuille en constituant des ensembles : les objets en plastique, les objets pour jouer, les objets de la cantine, etc.

Atelier 4

- Fournir aux enfants des supports visuels variés (magazines de décoration, publicités de grandes surfaces, etc.).
- Les inviter à chercher puis à découper des objets avec des couleurs primaires.
- Les trier et les placer dans des boîtes aux couleurs correspondantes.

RÉALISATIONS DES ÉLÈVES

UN PANNEAU D'OBJETS ET D'IMAGES PAR COULEUR : **RÉALISER UNE COMPOSITION QUI COMPREND DES OBJETS ET DES IMAGES D'UNE MÊME COULEUR**

Opérations plastiques
- Agencer, disposer, placer, déplacer, remplir
- Coller, scotcher, fixer, agrafer, lier

Dans cette première étape, les élèves travaillent avec des objets et des images d'objets.
Diviser la classe en trois groupes. Chaque groupe d'élèves (une dizaine maximum) choisit une couleur et se répartit les tâches suivantes à l'intérieur du groupe :
- peindre un grand carton ;
- consulter des imagiers pour choisir une page qui évoque une couleur ;
- puiser dans la corbeille des objets qui peuvent être facilement fixés sur le carton ;
- disposer ces objets ;
- trier et choisir dans la banque constituée lors des ateliers précédents des images d'objets et les intégrer sur le carton ;
- fixer tous les éléments de la composition.

Mise en valeur des réalisations

Donner à voir hors de la classe le travail des enfants en adoptant la solution la plus simple : ici, la salle de jeux commune à toutes les classes permet de montrer à tous les enfants le travail mené. Le système de grilles qui s'emboîtent pour former un carré permet de déplacer facilement cet espace d'exposition.

ASSOCIER DES OBJETS D'UNE MÊME COULEUR : **RÉALISER UNE COMPOSITION**

Opérations plastiques
- Trier
- Regrouper, rapprocher, réunir
- Relier, assembler
- Fixer

Dans cette seconde étape, les élèves travaillent avec des objets seulement et procèdent à des tris différents : ceux qui rentrent dans la boîte, par ensembles d'objets, pour former un dessin, etc.
- Choisir une couleur.
- Enrichir la collecte d'objets.
- Composer des panneaux

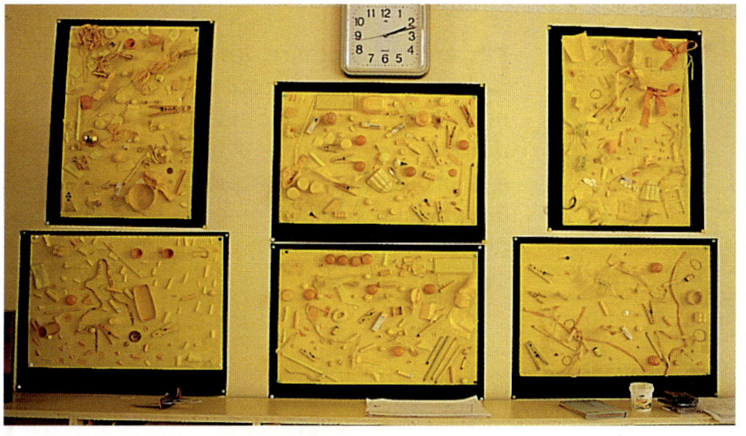

Librement, pour le plaisir d'accumuler, d'entasser des objets ou de les mettre en boîte.

Par ensembles (regrouper des objets par fonction : les objets de la cuisine, de la toilette...).

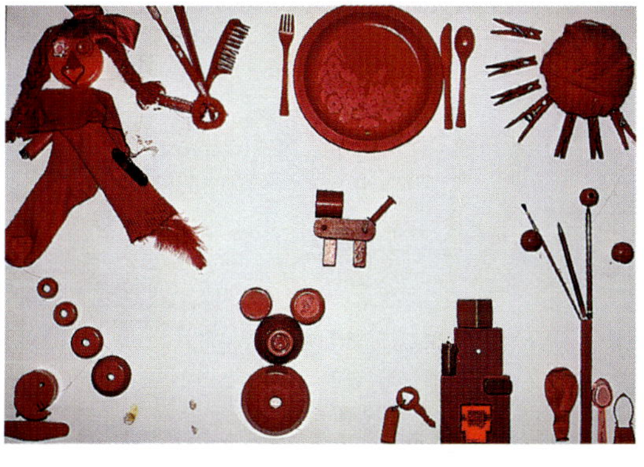

En les associant pour qu'ils deviennent des éléments d'une figure.

LES PROCÉDÉS DES ARTISTES

C'est le moment d'aller consulter les œuvres d'art pour découvrir comment les artistes donnent à voir des collections d'objets.

TONY CRAGG (NÉ EN 1949 À LIVERPOOL)

Ce sculpteur britannique travaille de façon permanente à partir d'objets ou de débris d'objets produits industriellement dans une matière peu coûteuse : le plastique. Ce matériau moderne que nous retrouvons partout dans notre vie quotidienne est utilisé pour des objets rapidement consommés et jetés sans remords dans nos poubelles. Or, le plastique est presque indestructible et son recyclage pose donc problème à notre société de grande consommation.
L'artiste utilise le sol ou le mur de la galerie comme support. Il y juxtapose de façon organisée les objets ou leurs fragments en ménageant des intervalles pour obtenir de grandes formes facilement identifiables.

Dans cette œuvre, les objets sont rassemblés par couleur et disposés pour évoquer la silhouette de la palette du peintre. Le créateur fait référence à la production artistique et nous donne à voir un bas-relief composé de matériaux de récupération selon une technique contemporaine.

Palette, 1985, objets en matière plastique, 162 x 180 cm, collection FRAC Bourgogne, Dijon.

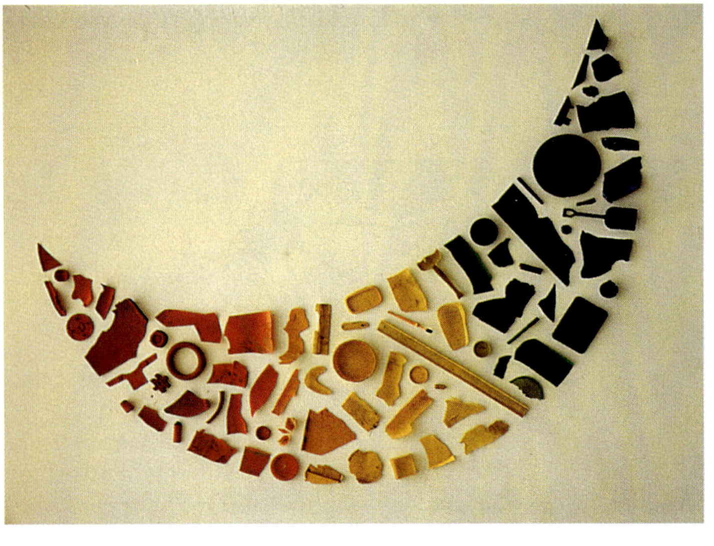

La répartition des couleurs est ici plus stricte, ordonnée en larges bandes de teintes différentes. Un même écart sépare les objets installés pour dessiner une forme simple.

Commercial Moon, 1984, Musée national d'Art moderne, Centre de création industrielle, Centre Georges-Pompidou, Paris.

Refuge pour le rêve, 1968, boîte-relief, 35 x 35 cm.

YOLANDE FIÈVRE (1907 OU 1915-1983, PARIS)

Cette artiste à l'œuvre longtemps méconnue est un personnage « ahurissant » à plusieurs visages : celui d'une bonne épouse soignant avec dévouement son mari malade, celui d'une « forte en gueule » en conflit avec ses galeristes, celui d'une artiste au travail, obstinée, passionnée, sereine. Ce n'est qu'à 54 ans qu'elle commence à exposer son travail et débute la construction d'une série de boîtes-placards. Elle y dispose des épaves qu'elle recueille sur les plages normandes. Les matériaux (bois flottés, galets) sont laissés dans un premier temps à l'état brut puis colorés d'une teinte uniforme ou de plusieurs couleurs harmonieusement nuancées. Les boîtes-placards sont en fait des boîtes à rêves. Chacun retrouve dans l'accumulation de ces matériaux trouvés dans la nature les gestes des enfants qui cachent des trésors dans leurs poches.

Galets polis par la mer et bois flottés aux formes étranges sont agencés par l'artiste dans une composition très saturée, complexe, où l'œil du spectateur se perd.

Le Petit-Déjeuner de Kichka, 1960, 50 x 70 x 80 cm, Musée d'Art Moderne de New York.

DANIEL SPOERRI (NÉ EN 1930)

L'artiste conçoit des tableaux-pièges qui évoquent des instants de la vie quotidienne. Il montre des objets trouvés au hasard sur des tables, dans des tiroirs, en ordre ou en désordre, et les fixe tels quels. Il les présente ensuite sur un support vertical, modifiant la façon de regarder la réalité.

Les restes d'un repas sont fixés sur la table et la table est accrochée au mur : le changement de plan provoque la réflexion du spectateur.

JOËL HUBAUT (NÉ EN 1947 À AMIENS ; VIT À RÉVILLE, NORMANDIE)

L'artiste construit des sites monochromes (CLOM) avec des objets prêtés ou donnés par le public. Invité à concevoir une installation dans un lieu, il organise une campagne d'information pour organiser un ramassage, une collecte de matériaux d'une même couleur qui alimenteront l'architecture prévue. Il réalise son site en sollicitant la collaboration de nombreuses personnes et invite le public à participer au vernissage habillé de la couleur choisie pour s'intégrer à l'œuvre comme des sculptures vivantes. La pratique originale et spectaculaire d'Hubaut veut provoquer chez le spectateur une réflexion sur le rôle de code que joue la couleur dans les sociétés humaines.

SITE CLOM AVEC CYBACLOM, *HARA-KIRI = PANARIS – NUX – TÉTINE FESTINA*, DE BARBASTE (47), SCÈNE NATIONALE, CHERBOURG 2001.

SITE CLOM AVEC CYBACLOM, *MÔSQÉE BLEÜ OF MURUOA*, DE MARQUOPLAC (47), SCÈNE NATIONALE, CHERBOURG 2001.

Un site CLOM est une mise en scène. Organisé dans un lieu précis, un CYBACLOM est un tirage photographique du site sur lequel l'artiste a réalisé des interventions graphiques.

GUY LIMONE
(NÉ EN 1958 À VILLEFRANCHE-SUR-SAÔNE ; VIT ET TRAVAILLE À MARSEILLE)

Ce plasticien choisit, découpe, protège et présente des images issues de prospectus, de revues qui envahissent nos boîtes aux lettres. Une collection de 500 images constitue un tableau d'une combinaison de couleurs ou d'une seule couleur, en hommage à l'histoire de l'art. L'encadrement est prévu pour présenter le recto et le verso de l'image : ici, nous regardons le côté choisi par l'artiste dans un agencement harmonieux, mais il est difficile d'imaginer le côté aléatoire du recto de l'œuvre, sans doute moins séduisant, plus agressif avec la juxtaposition des couleurs vives de la publicité.

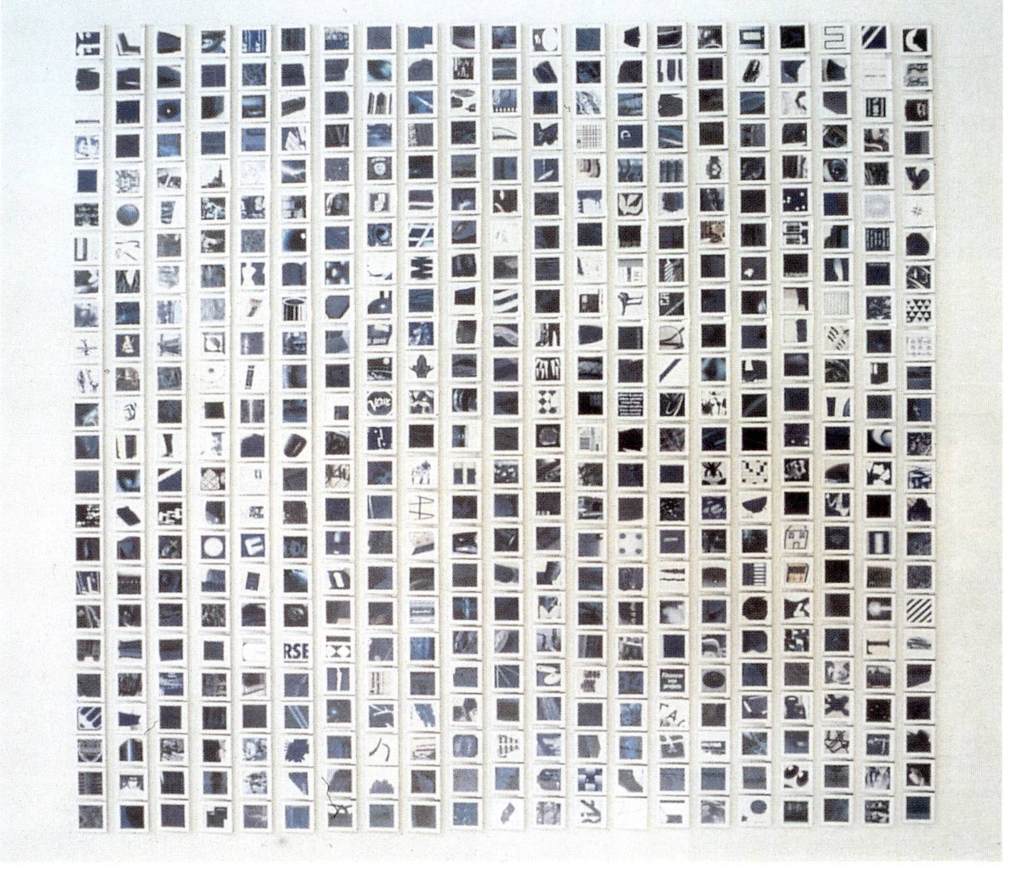

Collection bleu foncé, 1996,
500 images,
500 cadres en verre, aluminium,
200 x 200 cm.

Collection bleu foncé, détail.

EXPRESSION PERSONNELLE

À CHACUN SA PISTE

MISES EN BOÎTE

Opérations plastiques
- Ranger
- Encastrer
- Présenter

Laisser les enfants apporter puis choisir des objets de natures et de tailles très variées et proposer, par groupes, des mises en boîte personnelles.
Rassembler les matériaux (boîtes de différents formats comprenant des espaces de rangement, par exemple) et les fixatifs nécessaires.

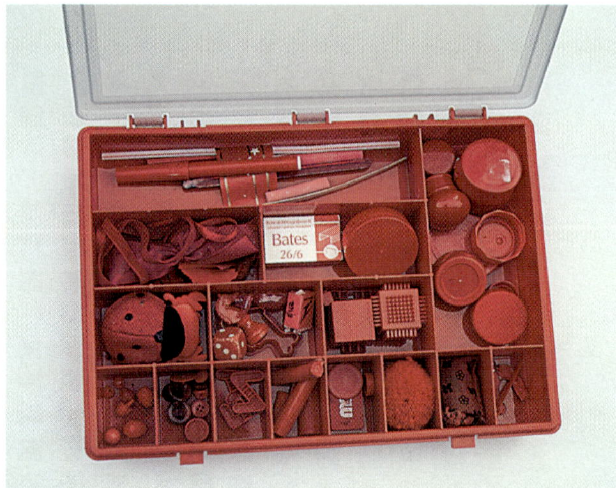

Une boîte de rangement rouge apportée par l'enseignant déclenche chez un groupe d'élèves le désir de sélectionner des objets dont la petite taille permettra de les ranger dans les casiers.

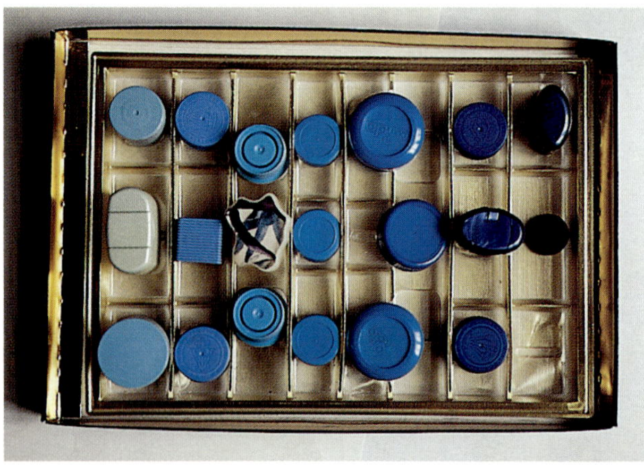

Les boîtes de chocolats présentent des alvéoles molles qui peuvent recevoir une collection d'objets : ici, des bouchons de nature différente regroupés par couleur.

Une vitrine bon marché au couvercle en matière plastique incassable sert d'écrin à une collection d'objets bleus.

Opérations plastiques
- Trier, réunir
- Présenter, cloisonner
- Découper, coller

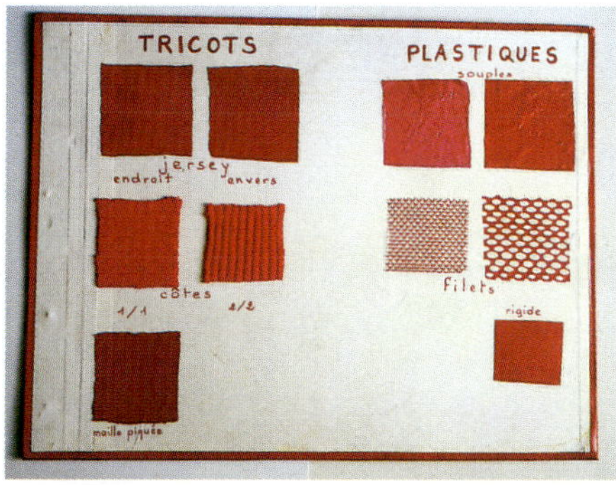

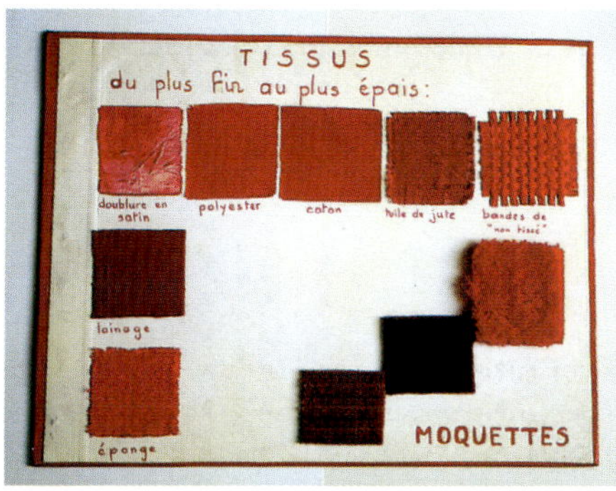

Des tissus sont triés et réunis par couleur avec un lien rigide. Des carrés sont ensuite découpés et collés sur des pages cartonnées pour constituer un album tactile.

Un tablier fabriqué avec du film plastique se cloisonne en de multiples poches dans lesquelles on glisse des objets de même couleur. Le tablier s'enfile pour une présentation originale de la collection de la classe.

Un présentoir de bois en forme de maisonnette rassemble des objets bleus et des flacons de liquides ou de poudres de la même couleur.

Opérations plastiques
- Découper
- Coller

Des classeurs avec des protège-documents transparents contiennent des mises en page d'objets différentes.

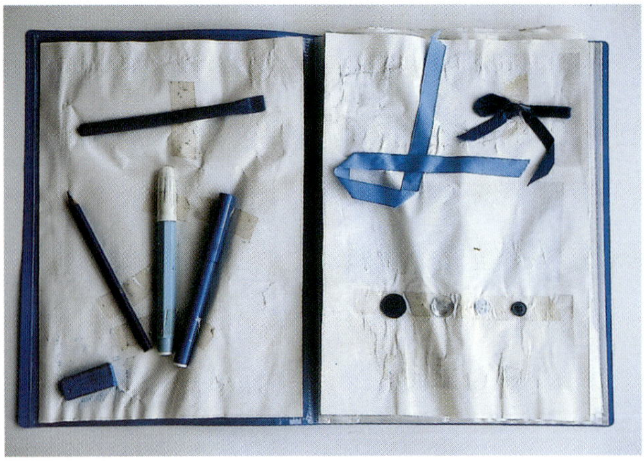

Des objets ou des matériaux de même couleur.

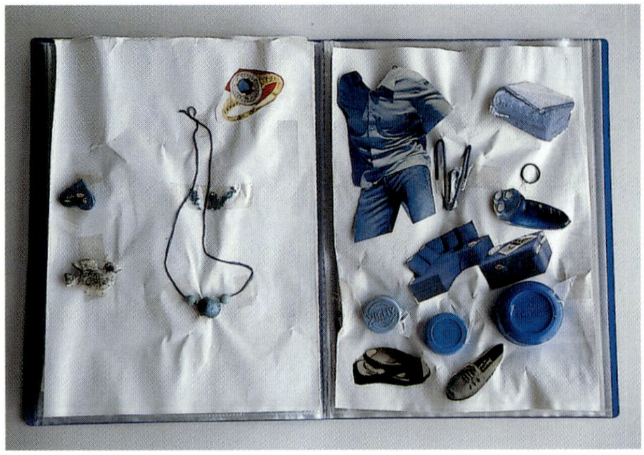

Des objets et des images d'objets.

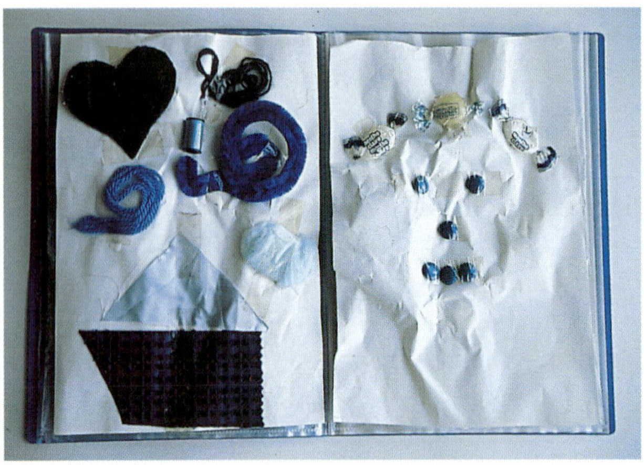

Des objets qui s'associent pour devenir des figures.

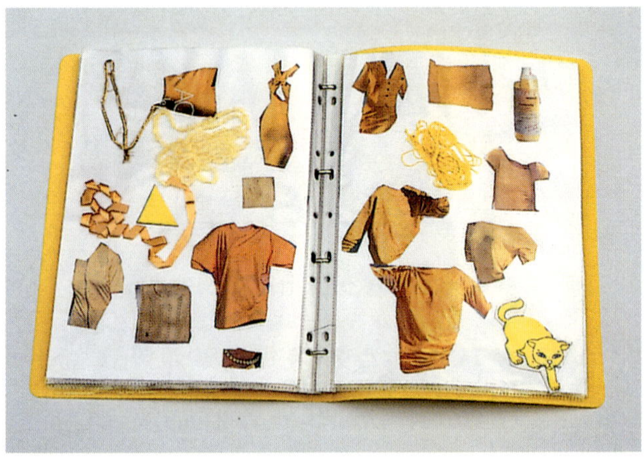

Les images remplacent les objets dans un classeur à feuilleter pour le plaisir.

Le classeur peut renfermer une collection d'images où une couleur prédomine, des photographies choisies pour leur thème ou leur esthétique, à regarder pour rêver, pour voyager.

MISES EN SCÈNE

Opérations plastiques
- Projeter
- Incruster, enchâsser
- Agencer, juxtaposer

La projection sur un socle en bois d'une mousse en polyuréthane autodurcissante à l'air permet d'incruster plus ou moins profondément les objets de son choix pour une présentation en volume.

La juxtaposition d'objets d'une même couleur dessine au sol des formes simples ; il sera toujours difficile d'obtenir un contour net.

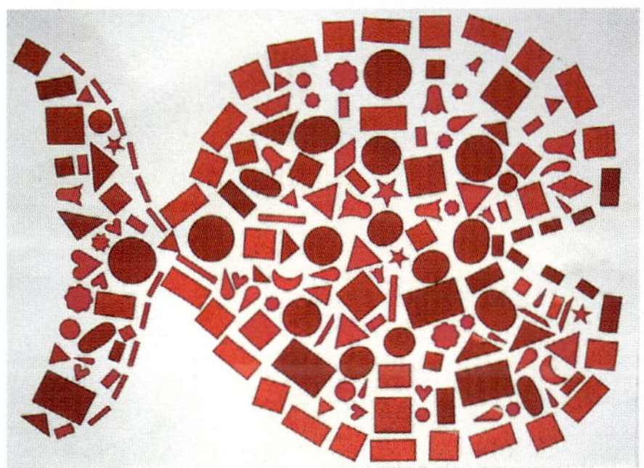

L'élaboration de figures plus complexes exige un passage par une maquette : ici, les gommettes permettent de définir facilement la forme souhaitée en pointillés et de travailler le remplissage avant de se confronter à la taille et au relief des objets.

SOLLICITATION DES ÉLÈVES

UN CONTE POUR VOIR LE MONDE EN COULEUR

Les enfants, dès 3 ans, ont l'habitude d'être rassemblés en grand groupe pour le plaisir d'écouter un conte. Ces moments privilégiés sont l'occasion pour l'enseignant d'enrichir les échanges verbaux et le langage d'évocation, de laisser construire progressivement par les auditeurs leurs représentations, qu'ils sont amenés à traduire par la parole ou le dessin.

Partir d'un album de littérature de jeunesse qui plaira à toute la classe. Ici, nous nous sommes appuyés sur *Le Magicien des couleurs*, d'Arnold Lobel (L'École des Loisirs, 1980).
Dans cette histoire, les couleurs n'existent pas et un magicien va créer un monde bleu, puis jaune, puis rouge, avant d'inventer les mélanges et de parvenir à un monde tout en couleurs.

- Montrer aux enfants les illustrations de l'album au début de l'histoire, lorsque les couleurs n'existent pas et que le monde est gris.
- Lire les épisodes qui suivent, lorsque le magicien invente le bleu, le jaune et le rouge : ne pas dévoiler les images de l'album.
- Équiper les enfants de lunettes colorées pour qu'ils découvrent leur propre environnement (la classe, la cour) en une seule couleur. Les laisser exprimer leurs sensations.

Choisir des protège-documents en plastique fin de bonne qualité pour que la vision des enfants ne soit pas déformée mais seulement colorée.

Découper des bandes ; les échancrer éventuellement pour qu'elles se positionnent bien sur le nez des enfants. Agrafer un élastique à chaque extrémité, au niveau des tempes, pour faire tenir les lunettes.

On peut aussi fabriquer des modèles plus élaborés avec du bois très léger ou teinter les verres de lunettes récupérées avec des encres spéciales.

RÉALISATIONS DES ÉLÈVES

PEINDRE LE MONDE AVEC UNE SEULE COULEUR

Opérations plastiques
- Colorier, peindre
- Déchirer, coller

Fournir aux enfants des outils variés (feutres, crayons de couleur, craies grasses et sèches, etc.) et les inviter à dessiner, colorier ou peindre leur univers avec une seule couleur.

Faire constater la pauvreté des nuances d'une même couleur : les crayons de couleurs, les craies, les peintures ne donnent qu'un éventail restreint de teintes claires ou foncées.
Comparer leurs productions à celles de l'illustrateur de l'album qui a amorcé l'activité : là aussi, la gamme des couleurs est réduite et l'ensemble uniforme.
Terminer la lecture de l'histoire à la classe.

Fabriquer des nuanciers pour chaque couleur primaire en diluant et en collant des papiers.

Enrichir la production des élèves en y intégrant des fragments de papiers aux nuances variées.

LES PROCÉDÉS DES ARTISTES

À ce moment de la recherche, sélectionner des œuvres d'artistes à présenter aux élèves pour mettre en évidence certains procédés utilisés pour constituer une palette de couleurs.
Beaucoup d'artistes privilégient une seule couleur dans leur tableau, celle qui, à leur avis, traduit le mieux l'atmosphère qui baigne la toile.

PABLO PICASSO (1881-1973)

L'artiste est bouleversé par le suicide de son ami Casagemas et entreprend une toile monumentale enveloppée d'une dominante bleue. Cette couleur lui paraît la plus appropriée pour décrire des sentiments de douleur ou de tristesse. Pendant plus de quatre ans, Picasso cultivera la tonalité froide, accentuant sa monochromie. Ce sera la couleur des pauvres, de la misère, de l'infirmité, de la solitude.

Picasso s'est beaucoup voué au portrait, croquant d'abord les membres de sa famille, puis des personnages rencontrés dans son quartier comme Célestine, l'entremetteuse. La solitude, l'isolement, la vieillesse, l'infirmité se dégagent de cette œuvre sans complaisance.

Portrait de Carlotta Valdivia (La Célestine), 1904, huile sur toile, 81 x 60 cm, Musée Picasso, Paris.

Au lit, huile sur toile, Musée d'Orsay, Paris.

ÉDOUARD VUILLARD (1868-1940)

Vuillard fait partie du groupe des Nabis, ce qui signifie « prophètes ». L'artiste est un voyant ; il simplifie les formes et s'attache à rendre sa vision personnelle, ses émotions, ses sentiments en grands aplats de couleurs vives et claires.

Ici, le peintre a choisi le thème intimiste de la chambre. Il ne cherche pas à donner l'illusion de la profondeur de l'espace, mais à traduire l'atmosphère qui baigne le lieu. Il accorde, il fusionne sur la toile de subtils dégradés (jaune, beige, marron).

VINCENT VAN GOGH (1853-1890)

Ce peintre aime le bleu et le jaune, les couleurs éclatantes du Midi.
Van Gogh a réalisé ce tableau deux jours avant son suicide. Il simplifie son dessin et le réduit à l'essentiel : au premier plan, un champ ; au fond, l'immensité du ciel. La palette de couleurs est réduite, elle joue sur l'opposition entre le jaune et le bleu. Les couleurs épaisses sont étalées au couteau et révèlent le rythme expressif de l'outil. La peinture devient une action dramatique.

Le bleu du ciel se charge de noir à gauche et s'éclaire de blanc au centre à grands coups de couteau.

CHAMP DE BLÉ AVEC VOL DE CORBEAUX, AUVERS-SUR-OISE, AVANT LE 9 JUILLET 1890, HUILE SUR TOILE, 50, 5 x 100, 5 CM, RIJKSMUSEUM VINCENT-VAN-GOGH, AMSTERDAM, PAYS-BAS.

ELLSWORTH KELLY (NÉ EN 1923)

Certains artistes abstraits travaillent une seule couleur et produisent des monochromes.
Kelly a installé son atelier dans l'état de New York. Il passe sur la toile plusieurs couches successives de pigment jusqu'à obtenir une couleur uniforme, plate. Seules quelques traces de pinceau perceptibles sur les bords révèlent la trace de l'outil.

Un monochrome bleu nuit, à la limite du noir, devient une sculpture de couleur sur le fond blanc du mur d'accrochage. L'artiste sublime les qualités spatiales de la couleur bleue dans une toile où surface et profondeur se confondent.

PANNEAU BLEU SOMBRE, 1985, ACRYLIQUE SUR TOILE, 247,05 x 282 CM, MUSÉE NATIONAL D'ART MODERNE, CENTRE GEORGES-POMPIDOU, PARIS.

D'autres peintres abstraits préfèrent la polychromie et une peinture fluide ou lisse pour animer leurs compositions.

SANS TITRE, 1910, AQUARELLE ET ENCRE DE CHINE SUR PAPIER, 49,6 X 64,8 CM, MUSÉE NATIONAL D'ART MODERNE, CENTRE GEORGES-POMPIDOU, PARIS.

WASSILY KANDINSKY (1866-1944)

Artiste russe, il est le fondateur de la peinture abstraite. Il refuse la figuration et sa formation de musicien oriente ses recherches vers des compositions où les couleurs, intenses, raffinées, retentissent comme les sonorités d'une partition musicale.

Cette aquarelle est la première manifestation occidentale de l'art abstrait. L'artiste exprime son « moi profond » par des figures colorées, inventées sans relation avec la réalité et qui viennent buter contre la bordure du tableau, comme une invitation à prolonger nous-mêmes le parcours.

OTTO FREUNDLICH (1878-1943)

Peintre et sculpteur allemand, il a travaillé à Paris et a fréquenté les cubistes. Sa composition est construite comme une architecture, structurée par des ensembles de couleur. Elle privilégie les couleurs fondamentales.
Chaque espace coloré se divise en plusieurs zones selon la technique des camaïeux et joue l'opposition du clair et du foncé.

La toile est cloisonnée par des unités de couleur.

COMPOSITION, 1939, GOUACHE SUR CARTON, 54 X 43 CM, MUSÉE TAVET-DELACOUR, PONTOISE.

APPROFONDISSEMENTS

ATELIER : ÉTALER, LISSER LA COULEUR AVEC DES OUTILS DIFFÉRENTS

Opérations plastiques
- Prélever
- Couvrir, étaler, lisser

Regrouper la classe dans des ateliers. Faire varier, dans un premier temps, uniquement les outils.

Mettre à disposition des élèves :
– une brosse, un pinceau, un chiffon, une éponge, un rouleau, une cuillère, une spatule ;
– un médium : de la gouache (soit rouge, soit bleue, soit jaune) ;
– un grand support blanc.

Étaler la peinture avec les outils.
Constater leur trace.

Obtenir un grand aplat de couleur, sans traces, qui s'étend sur tout le support.
Passer plusieurs couches pour nourrir le monochrome.

Choisir l'outil le plus adapté pour couvrir le support de manière efficace.

Dans un second temps, varier un autre paramètre : la fluidité du médium. Préparer une peinture très diluée et une très épaisse (pour cela, ajouter, par exemple, de la lessive en poudre).
Travailler la couleur avec les mêmes consignes.

ATELIER : VARIER LA CLARTÉ DE LA TEINTE ; ÉCLAIRCIR LA COULEUR ; OBTENIR DES DÉGRADÉS D'UNE MÊME COULEUR

Opérations plastiques

- Adjoindre, ajouter
- Diluer
- Prélever
- Étaler

Mettre à la disposition des élèves, pour un travail individuel :
- deux médiums : de la gouache de couleur (soit rouge, soit bleue, soit jaune) et de la gouache blanche, ou de la gouache de couleur et de l'eau ;
- des outils en nombre limité (doigt ou pinceau) ;
- un même support : du papier blanc.

Ajouter progressivement du blanc dans la teinte choisie. Veiller, par économie, à ne donner qu'une petite quantité de la teinte à éclaircir.
Prélever des échantillons sur les dégradés obtenus.

Ajouter le diluant (ici, l'eau) petit à petit.
Prélever des échantillons des teintes éclaircies.

Constater que les différents degrés de la couleur s'obtiennent en ajoutant du blanc ou de l'eau : la couleur perd de son intensité, elle est plus terne, on dit qu'elle est « rabattue ».
Une suite de tons rabattus donne un camaïeu.

Constituer un panneau de synthèse avec des fragments de réalisations d'élèves réussies.

Demander aux plus grands de réaliser individuellement, ou par groupes de deux ou trois, un compte rendu de leur expérimentation en triant et en classant des extraits significatifs.
Exploiter les travaux d'expérimentation pour composer un camaïeu collectif par découpage et collage.

ATELIER : VARIER LA CLARTÉ DE LA TEINTE ; FONCER LA COULEUR

Opérations plastiques
- Ajouter, lier, mélanger
- Prélever
- Peindre

Mettre à la disposition des élèves :
– deux médiums : de la gouache de couleur (soit rouge, soit bleue) et de la gouache noire ;
– des outils en nombre limité (doigt ou pinceau) ;
– un même support : du papier blanc.

Ajouter très progressivement du noir dans la teinte choisie. Veiller à ne donner qu'une très petite quantité de noir.
Prélever des échantillons des tons obtenus.

Constater que les différents degrés de la teinte sont obtenus en ajoutant du noir : la couleur s'obscurcit, se salit, on dit qu'elle est « rompue ».
Envisager un panneau de synthèse.

Puis, comme précédemment pour le rouge et le bleu, donner de la peinture jaune primaire et une pointe de noir.
Constituer des couples car les enfants connaissent maintenant le processus.
Leur faire formuler des hypothèses sur ce qu'ils vont obtenir.
Les laisser vérifier.

Il est très difficile de foncer du jaune sans procéder très rigoureusement, en ajoutant du noir en doses homéopathiques. La couleur vire immédiatement vers le vert kaki, malgré l'attention des enfants.
Conclure que le noir ne convient pas, qu'il est trop puissant.

ATELIER : FONCER DU JAUNE

Opérations plastiques
- Ajouter, mélanger
- Recouvrir, superposer, cirer
- Découper

Consacrer une séance à rechercher des solutions pour cette couleur, le jaune, qui ne se laisse pas obscurcir facilement !

Demander à la classe quelle couleur moins forte que le noir pourrait, selon eux, foncer le jaune.
Expérimenter l'ajout de teintes dans la gamme des bruns. Constater que le jaune devient opaque, la couleur ajoutée est trop épaisse, trop couvrante.
Proposer aux enfants de recouvrir des carrés jaunes avec des jus colorés : du café, du chocolat, du brou de noix, de l'encre sépia, du henné dilué. Les jus colorés sont liquides ; ils ne recouvrent pas la couleur en l'opacifiant mais en la fonçant légèrement.

Expérimenter un autre type de matériau : le cirage ou la cire. Choisir une teinte neutre et une brune.
Préparer des monochromes jaunes.
Sur la moitié d'un carré jaune que l'on a laissé sécher, passer une fine couche de cirage incolore.
Constater l'effet produit : la couleur ne fonce pas, mais se lustre, se vernit.
Sur l'autre moitié du carré jaune, appliquer le cirage brun. Constater le résultat : le jaune est devenu plus foncé.

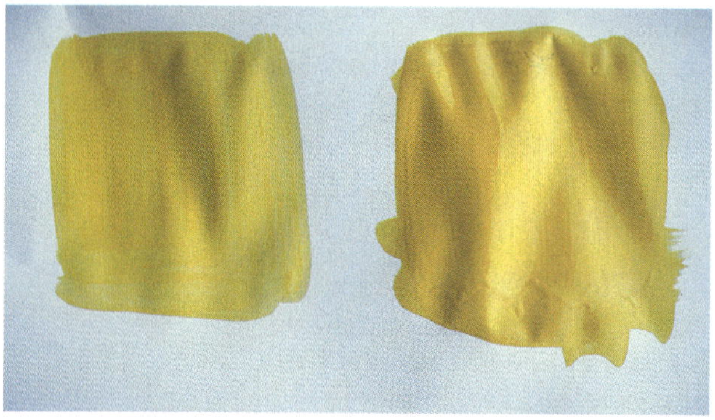

Finir la séance en travaillant uniquement avec du jaune.
Étaler une couche mince de gouache jaune sur deux carrés de papier blanc : le premier carré sert de témoin, de base jaune.
Passer successivement plusieurs couches sur le second carré.
Comparer les deux carrés jaunes : celui qui a reçu plusieurs couches de peinture est plus foncé.
Découper les carrés et les placer sur un fond noir pour faire rayonner la couleur et accentuer les différences d'intensité lumineuse.

ATELIER : PROLONGER LES DÉCOUVERTES ET LES RÉINVESTIR

Opérations plastiques
- Déchirer
- Coller
- Opposer, classer

Déchirer des papiers clairs et foncés pour chaque couleur primaire.
Choisir un format de support adapté à la taille des fragments de papiers (un grand format pour intégrer des bandes de papier ou un petit format pour des petits morceaux de couleur).
Diviser le support en deux parties, l'une réservée aux valeurs claires, l'autre aux valeurs foncées.
Coller les papiers déchirés.

Classer des tons d'une même couleur, du plus clair au plus foncé.

En utilisant des nuanciers récupérés chez des professionnels de la couleur (nuanciers de peintures, mais aussi de linoléums, etc.).

En utilisant les fragments en trop de l'atelier précédent ou en récupérant des bandes de papier dans les essais des enfants sur les dégradés.

Mettre en valeur la couleur.
Essayer de coller des fragments des trois couleurs primaires sur des fonds différents.
Constater les effets : un fond rouge, jaune ou bleu fait disparaître la forme de couleur analogue ; un fond blanc ou noir fait ressortir les couleurs primaires, mais le blanc les refroidit alors que le noir les réchauffe.

EXPRESSION PERSONNELLE

À CHACUN SA PISTE

NUANCIERS

Expliquer aux élèves qu'ils vont pouvoir créer librement (individuellement ou à plusieurs) une œuvre personnelle sur le thème des couleurs primaires.
Lister les désirs exprimés.
Recenser le matériel nécessaire.
Mettre en place les ateliers de travail.

Des petits groupes se forment pour composer des nuanciers autour de la couleur choisie.

Un support rigide rassemble des nuances de rouge ou de jaune provenant de papiers de textures variées trouvés dans des magazines ou déchirés dans du papier affiche, ou encore peints par les élèves. Des morceaux de tissu et de matière plastique enrichissent l'éventail des matériaux.

Ce grand format récupère les dégradés obtenus lors des ateliers d'approfondissements et les agence en ensembles sur un fond rempli de graphies.

EXPRESSION PERSONNELLE

GRAPHIES COLORÉES, DÉGRADÉS, CARNETS DE COULEURS

Un autre groupe cherche toutes les façons d'écrire le nom des couleurs et rassemble ses trouvailles dans un panneau collectif.

Les lettres sont tracées à l'encre ou à la peinture, composées avec de la laine et des cotons-tiges en faisant varier les caractères, ou encore découpées dans des journaux.

Des binômes se constituent pour réinvestir la technique des dégradés :

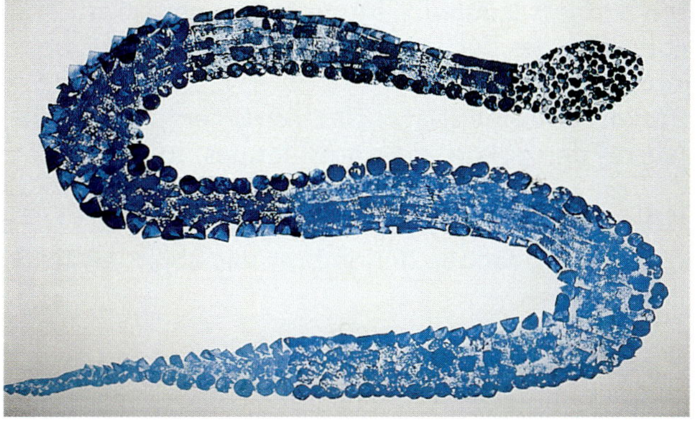

En remplissant une forme.

En remplissant des zones cloisonnées comme dans un vitrail.

Enfin, certains élèves préfèrent travailler individuellement à l'élaboration d'un carnet consacré à chaque couleur étudiée.

INTERDISCIPLINARITÉ

QUELQUES IDÉES D'ACTIVITÉS INTERDISCIPLINAIRES AUTOUR DES COULEURS PRIMAIRES : UNE OU PLUSIEURS PISTES À CHOISIR JUDICIEUSEMENT

Maîtrise du langage

VOCABULAIRE

- Reconnaître et nommer les couleurs primaires
- Caractériser la couleur par un adjectif qualificatif : *claire/foncée, vive/terne, pure/mélangée*...
- Utiliser le lexique spécifique aux arts plastiques (les outils, les matières, les actions)

ÉCRITURE

- Explorer les différentes graphies du nom des couleurs. Pour les GS : les copier en capitales d'imprimerie puis en cursive

POÉSIE

- Dire des poésies et des comptines apprises en classe sur les couleurs, en inventer

Découvrir le monde

DÉCOUVERTE SENSORIELLE DES OBJETS

- Explorer les qualités tactiles et les caractéristiques visuelles de différents objets (couleurs, intensités, oppositions...)
- Les reconnaître, les décrire, les comparer (taille, masse, contenance, forme)
- Les percevoir autrement avec des instruments d'optique simples (verres de couleur, mais aussi loupes, tubes)

DÉCOUVERTE DES FORMES ET DES GRANDEURS

- Classer, ordonner, ranger, dénombrer des objets en se donnant des critères

APPROCHE DES QUANTITÉS ET DES NOMBRES

- Reconnaître le nombre d'objets d'une collection
- Comparer des quantités, les mémoriser, les communiquer

EXPLORATION DU MONDE DE LA MATIÈRE

- Distinguer l'objet et la matière dont il est constitué
- Découvrir les propriétés de quelques matières

DÉCOUVRIR LE MONDE DES OBJETS, ÉDUCATION À LA SÉCURITÉ

- Jouer avec des objets, les manipuler
- Découvrir leurs usages
- Les démonter, les remonter
- Prendre conscience des risques (objets dangereux, lourds, pointus, qui peuvent être coupants...)

REPÉRAGE DANS L'ESPACE

- Organiser les objets d'une collection
- Verbaliser leurs relations spatiales
- Représenter ces relations par des maquettes, des dessins
- Découvrir des territoires lointains et inconnus (leurs couleurs) : les couleurs de l'Afrique, des déserts, des épices et des tissus, les couleurs des îles, celles du pôle Nord...

Gros plan sur la poésie

DES POÈMES TOUT EN COULEUR

Partir du poème de Paul Eluard, « La Terre est bleue comme une orange » (tiré de *La Vie immédiate*, Gallimard, coll. « Poésies », 1967).

● Proposer aux enfants de créer des comparaisons réalistes (plusieurs par couleur) :
– bleu comme la mer ;
– jaune comme un tournesol ;
– rouge comme une tomate.

● Faire développer la comparaison par une proposition relative :
– bleu comme la mer qui danse avec ses vagues ;
– jaune comme un tournesol qui se grille au soleil ;
– rouge comme une tomate qui a mûri tout l'été.

● Écrire chaque phrase sur de longues bandes de papier.
Les couper en fragments sur le même principe : couleur/comparaison/relative.
Illustrer chaque fragment par un dessin.
Rassembler les fragments dans trois pioches différentes : celle des couleurs, celle des comparaisons et celle des relatives.
Tirer au sort successivement dans les pioches pour constituer des phrases surprenantes :

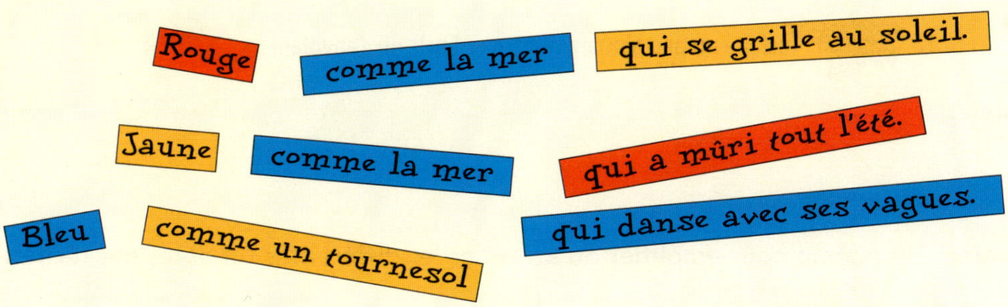

Partir de « J'aime le rouge » de Patrick Joquel (tiré de *Demain les papillons*, L'Épi de seigle, 1995).

> **« "J'aime le rouge",**
> **chuchote la fraise à la cerise.**
> **"J'aime le rouge",**
> **dit la cerise à la framboise.**
> **"Moi aussi mais avec du noir",**
> **répond la coccinelle.**
> **"Le noir éclaire un peu plus le mystère",**
> **murmure en s'envolant une zygène. »**

● Lire le texte plusieurs fois. Le faire mémoriser.
Le faire dire par plusieurs voix en jouant sur des tonalités différentes.
Faire deviner ce qu'est une zygène d'après les indications du poème (elle est rouge et noir, elle vole : ce peut être un oiseau, un insecte...).
Montrer une photographie de ce papillon.
Rechercher des éléments pour chaque couleur :

– rouge comme une pomme, une tomate, un coquelicot ;

– jaune comme un poussin, un citron, une banane, une jonquille ;

– bleu comme le ciel, la mer, un bleuet...

Gros plan sur la poésie

● Dessiner ou découper des images pour figurer ces éléments sur le squelette du poème de Patrick Joquel.
Construire un nouveau texte en puisant dans la collecte d'éléments constituée précédemment.

« J'aime le  », chuchote le  au citron.

« J'aime le  », dit le  à la jonquille.

« Moi aussi mais avec du  », répond la .

« Le  éclaire un peu plus le mystère », hurle en s'envolant la .

● Changer les verbes du poème pour amplifier ou atténuer les différentes tonalités des récitants : ils diront le texte crescendo ou decrescendo.

« J'aime le JAUNE »,
c h u c h o t e le poussin au citron.

« J'aime le JAUNE »,
dit le citron à la tulipe.

« Moi aussi mais avec du **noir** »,
crie la tulipe.

« Le noir éclaire un peu plus le mystère »,
hurle en s'envolant la guêpe.

« J'aime le JAUNE »,
hurle le poussin au citron.

« J'aime le JAUNE »,
crie le citron à la tulipe.

« Moi aussi mais avec du **noir** »,
dit la tulipe.

« Le **noir** éclaire un peu plus le mystère »,
c h u c h o t e en s'envolant la guêpe.

Gros plan sur la découverte du monde (l'espace / le monde de la matière)

DES COLORANTS ROUGES, JAUNES, BLEUS AUTRES QUE LA PEINTURE

Faire prendre conscience aux élèves que la peinture n'est pas obligatoirement stockée dans le flacon qu'ils connaissent bien.
Présenter des gouaches en pot, en tube, en pain, en poudre.
Essayer les différentes gouaches et constater que c'est la même matière sous différents conditionnements.

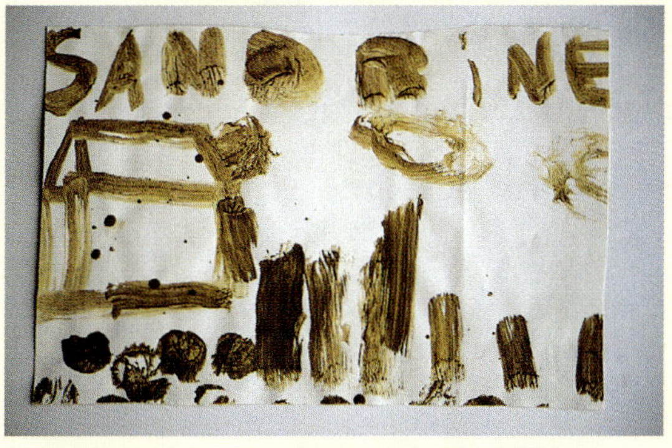

Montrer des images de maisons africaines (par exemple, de Mauritanie) dont les murs sont décorés de motifs à l'ocre ou de peintures corporelles. Constater que la palette de l'artiste est très réduite (essentiellement à base de noir, de blanc, de jaune et de rouge).

Expliquer que ces couleurs sont d'origine minérale.
Apporter à la classe des terres rouges ou ocre, les essayer à sec ou en les diluant.

Rechercher des couleurs d'origine végétale : pourquoi ne pas se rendre au marché local pour repérer des fruits ou des légumes qui pourraient donner des jus colorés ?
Faire fabriquer, par exemple, du rouge : des pelures d'oignons avec du vinaigre ; du jus de betterave, de cerise, etc.

S'attarder sur le stand du marchand d'épices pour savourer les couleurs mais aussi les odeurs. Se procurer du cumin, de la cannelle, du curry… pour s'en servir de colorants tout autant que pour découvrir leur pays d'origine.

Les enfants ont trouvé des liquides bleus dans leur environnement quotidien et les testent sur du papier.

Documentation pour l'enseignant

FICHE

Histoire des couleurs fondamentales

Le rouge, le noir et le jaune, obtenus à partir de pigments naturels, sont les couleurs de base employées par l'artiste préhistorique.
Les civilisations antiques (romane et grecque) ajoutèrent une gamme de bleus : l'azurite, l'indigo ainsi que l'outre-mer, fabriqué avec le lapis-lazuli d'Orient.
Au Moyen Âge apparaissent des teintures vertes issues d'iris et de baies.
À la Renaissance, la palette de l'artiste se compose d'une trentaine de tons francs qui vont se décliner en mélanges. L'adjonction d'un liant à l'huile permet de doser la transparence, l'éclat et la densité des couleurs.
L'ère industrielle fournit plus de 90 colorants de synthèse de qualités très inégales, enfermés dans des tubes d'étain.
De nos jours, les pigments de synthèse sont d'une résistance et d'un pouvoir couvrant exceptionnels.

La valeur symbolique de la couleur est variable selon les périodes et les pays. Dans l'Occident antique et la première moitié du médiéval, la couleur préférée était le rouge, prestige de la pourpre, puis le blanc et le noir. Les autres couleurs n'ont alors pas de place signifiante.
La couleur est une étiquette, un code qui sert à signaler qui l'on est et à qui l'on a affaire, en particulier dans le domaine des armoiries et du costume.
Le rouge devient ensuite la couleur du péché (c'est la couleur des costumes des prostituées comme des bourreaux) ; le jaune marque la discrimination (les Juifs, les Musulmans) ; la couleur bleue devient très recherchée, emblème de la royauté et du manteau de la Vierge.
Les teinturiers, à la fin du XIIe siècle, en France, fabriquent un bleu intense à partir de l'indigo ou de la guède (c'est-à-dire le pastel). Le bleu s'impose partout et devient la couleur préférée des Occidentaux.

Le rouge symbolise la vie, l'activité, la puissance, la chaleur (le feu), mais aussi la destruction et la colère. C'est une couleur chaude, excitante.
Le jaune symbolise la lumière, le Soleil, mais aussi l'inconstance, la trahison ou la vanité. C'est une couleur chaude, dynamique.
Le bleu symbolise l'eau, l'air, l'immortalité, la divinité, la spiritualité. Il représente la vérité, la justice, la loyauté, la sérénité, l'équilibre. C'est une couleur froide, apaisante.
Le noir est symbole du néant, il est prélude à la résurrection fécondité, il représente les forces souterraines, le ventre de la Terre et l'obscurité des origines.
Le blanc, enfin, est la couleur de l'unité, de la pureté, de la vertu et de la chasteté. Par extension, il peut être la couleur du deuil d'un enfant, l'être pur.

Bibliographie

AUTOUR DE LA PÉDAGOGIE DES ARTS VISUELS

Daniel Lagoutte, *Enseigner les arts visuels*, Hachette Éducation, coll. « Pédagogie pratique à l'école », 2002.

Daniel Lagoutte, *Les Arts plastiques, contenus, enjeux et finalités*, Armand Colin, 1990.

Claude Reyt, *Les Arts plastiques à l'école*, Arman Colin, 1998.

L'Éducation artistique à l'école, MEN/Direction des Écoles/CNDP/Savoir-Livre, diffusion Hachette Éducation, 1993.

Marie-José Pillet, *L'Atelier des cinq sens*, Dessain et Tolra, 1993.

Les Arts plastiques à l'école, découverte et expression, cycles 1 et 2, Bordas, coll. « R. Tavernier », 1993.

AUTOUR DES ŒUVRES PRÉSENTÉES AUX ENFANTS

Lecture d'œuvres picturales, éd. Jocatop, Morières-les-Avignon, 1995.

Aline Rutily, *Le Bleu*, Nathan, coll. « Images d'artistes », 1998.

Joël Hubaut, *Serial Couleurre, Clomorama 47*, Vers les Arts/Armand Fallières/Ministère de l'Agriculture et de la Pêche, 2002.

Élisabeth Amzallag-Augé, *Rouge alizarine et autres rouges*, Centre Georges-Pompidou, coll. « Zigzart », 2004.

Élisabeth Amzallag-Augé, *Bleu zinzolin et autres bleus*, Centre Georges-Pompidou, coll. « Zigzart », 2004.

AUTOUR DU THÈME DE LA COULEUR

« La couleur », *in Sciences et Vie Junior*, dossier hors série n° 23, janvier 1996.

Éducation enfantine, n° 1002, Nathan, septembre 1998.

« La couleur bleue », *in Dada*, n° 41, octobre 1997.

Alison Cole, *La Couleur*, Gallimard, coll. « Passion des arts », 1994.

Johannes Itten, *Art de la couleur, Édition abrégée*, Dessain et Tolra, 1996.

Michel Pastoureau, *Le Bleu*, Le Seuil, 2000.

Hajo Düchting, *Comprendre et créer la couleur*, Dessain et Tolra, 1990.

Daniel Lacomme, *La Couleur dans le dessin et la peinture*, Bordas, coll. « L'Atelier vivant », 1994.

Aline Rutily, *Matières et couleurs avec les 5-6 ans*, Nathan, coll. « Une année de », 1991.

Aline Rutily, *Activités autour du bleu avec les 5-6 ans*, Nathan Pédagogie, coll. « Une année de », 1997.

DES LIVRES POUR LA CLASSE

A. Lobel, *Le Magicien des couleurs*, L'École des Loisirs, 1980.

Kveta Pacovska, *Couleur, couleurs, Le livre-jeu des couleurs*, Seuil Jeunesse, 2000.

Candace Withman, *Le Bleu, parbleu !*, Colonie des griffons, coll. « Mes premières couleurs », 1998.

Couleurs, Nathan, coll. « Images-images », 1991.

Nadja, *Chien bleu*, L'École des loisirs, coll. « Lutin Poche », 1991.

DES REVUES POUR LA CLASSE

L'Atelier des images, Nathan, cycles 1 et 2, « La Terre », n° 29, mars 2002.

CÉDÉROM

Ayshe Farman Farmaian, Daniel Kapelian, Michel Jaffrenou, *Le Centre Georges-Pompidou, Le musée virtuel de l'art du* XX*e siècle*, Emme, 1997-2000.

TABLE DES SÉANCES

Rouge, jaune, bleu

Pages	N° de la séance et intitulé	Durée des séances	Organisation	Matériel
59	**1.** SOLLICITATION DES ÉLÈVES Collecter des objets en couleurs	1 h 30 min	Groupe classe	Objets divers, corbeilles en couleur
60	**2.** SOLLICITATION DES ÉLÈVES Explorer tactilement	30 min	Groupes de 10	Objets sélectionnés, drap, grand carton la sélection d'objets
61	**3.** SOLLICITATION DES ÉLÈVES Une collecte d'objets : prolongements en ateliers	45 min	Groupes de 6	Objets sélectionnés, corbeilles, photocopies des dessins des objets, feutres, ciseaux, colle, magazines
62	**4.** RÉALISATIONS DES ÉLÈVES Composer des panneaux d'objets et d'images d'objets	1 h	Groupes de 10	Objets sélectionnés, images, carton, peinture, colle
63	**5.** RÉALISATIONS DES ÉLÈVES Composer des groupements d'objets	1 h	Groupes de 5	Objets divers, fixatifs
64	**6.** LES PROCÉDÉS DES ARTISTES Confrontation d'images	45 min ou 2 × 30 min	Groupe classe	Diapositives, posters grand format
68 71	**7.** EXPRESSION PERSONNELLE • Mises en boîte • Mises en scène	1 h 1 h	Petits groupes Petits groupes	Objets divers, cartons, boîtes, classeurs, fixatifs
72	**8.** SOLLICITATION DES ÉLÈVES Un conte pour voir le monde en couleur	1 h	Groupe classe	Album, plastiques colorés, élastiques
73	**9.** RÉALISATIONS DES ÉLÈVES Peindre le monde avec une seule couleur	1 h	Travail individuel	Feutres, crayons, peintures, craies, papier puis magazines, colle
74	**10.** LES PROCÉDÉS DES ARTISTES Confrontation d'images	45 min ou 2 × 30 min	Groupe classe	Diapositives, posters grand format
77 78 79 80 81	**11.** APPROFONDISSEMENTS • Obtenir un monochrome • Éclaircir la couleur • Foncer la couleur • Foncer du jaune • Prolonger les découvertes, les réinvestir dans une composition complexe	45 min 45 min 45 min 45 min 45 min	Ateliers de 6 Travail individuel Travail individuel Travail individuel Groupes de 10	Peinture, outils différents, support blanc Peintures rouge, jaune, bleue, blanche, eau, pinceau Peintures rouge, jaune, bleu, noir, pinceau Peinture jaune, gamme des bruns, jus colorés, cire, cirage Papiers divers, colle
82 83	**12.** EXPRESSION PERSONNELLE • Des nuanciers • Graphies colorées, dégradés, carnets de couleurs	1 h 30 min	Travail individuel, par 2 ou 3	Papiers divers, colle, peintures, tissus, éléments hétéroclites, encres

Pas à Pas en arts plastiques MATERNELLE

Mélanges de couleurs

Remerciements
Je remercie les classes maternelles ariégeoises pour leur collaboration et Philippe Duplan, professeur d'arts visuels à l'IUFM de Toulouse, qui m'a permis d'assister à ses cours sur la couleur.

Séquence « Sensibilité, imagination, création »

Autour de la notion du mélange des couleurs primaires

OBJECTIFS VISÉS :

- Savoir fabriquer les couleurs binaires
- Expérimenter des médiums et des outils différents
- Acquérir des notions sur les couleurs secondaires : nuances, valeurs
- Modifier les caractéristiques d'une couleur
- Exploiter les objets de l'environnement quotidien
- Contraster les couleurs primaires et complémentaires
- Constater des effets plastiques
- Connaître et comparer des démarches d'artistes
- Se constituer une culture artistique
- Suivre son propre chemin de création

SOLLICITATION DES ÉLÈVES

FAIRE VIVRE UNE HISTOIRE

Les enfants, dès 3 ans, ont l'habitude d'être rassemblés en grand groupe pour le plaisir d'écouter un conte. Ces moments privilégiés sont l'occasion pour l'enseignant d'enrichir les échanges verbaux et le langage d'évocation, de laisser construire progressivement par les auditeurs leurs représentations qu'ils sont amenés à traduire par la parole ou le dessin.
Partir d'un album de littérature de jeunesse qui plaira à toute la classe.
Ici, nous nous sommes appuyés sur *Trois Souris peintres*, d'Ellen Stoll Walsh (Mijade, coll. « Petit Mijade », 2001) : l'album va servir de scénario à une pièce de théâtre jouée par les enfants.
Dans cette histoire, il y a trois souris blanches et trois pots de peinture, des éléments réduits et faciles à se procurer.

Dessiner sur du carton blanc trois formes simples qui figureront les souris. Les découper, percer chaque tête, enfiler un cordon ou un fil de fer rigide pour pouvoir manipuler la souris.
Remplir trois pots avec les couleurs primaires : bleu cyan, rouge magenta, jaune primaire.
Disposer les trois pots bien en vue sur une table protégée par du papier blanc.
Lire l'histoire jusqu'au moment où les souris sautent dans les pots de couleur.
À partir de ce moment, désigner trois élèves pour qu'ils donnent vie au texte au fur et à mesure de la lecture : les souris vont être trempées dans la couleur, être égouttées sur le papier blanc en provoquant de grosses taches colorées, vont jouer à marcher, à mêler leurs traces et donc à découvrir le mélange des couleurs.

Faire raconter à nouveau l'histoire aux enfants en s'aidant des illustrations de l'album.

Découper trois bandes plastiques de type Rhodoïd correspondant aux couleurs primaires, les distribuer aux enfants. Les laisser jouer pour qu'ils constatent les mélanges colorés.

Coller sur un grand carton blanc des carrés de Rhodoïd de chaque couleur primaire en les séparant bien, puis en superposer d'autres pour faire surgir, fabriquer les couleurs secondaires.
Découper, dans du carton ou divers papiers, des formes blanches ou en couleurs à glisser sous les carrés.
Inciter les élèves à utiliser ce matériel pour revivre les aventures de l'album, s'approprier l'histoire, en modifier la chronologie, visualiser et mémoriser les mélanges de couleurs.

RÉALISATIONS DES ÉLÈVES

FABRIQUER LES MÉLANGES

Opérations plastiques

- Pousser, faire glisser
- Mélanger
- Prélever, poser la couleur

Distribuer à chaque élève :
– une assiette en carton avec les trois taches de couleur ;
– un chiffon pour s'essuyer les doigts (ce qui évitera des déplacements répétés et ingérables au coin « eau » et garantira la qualité des mélanges) ;
– une feuille de papier blanc pour conserver des échantillons de couleurs.

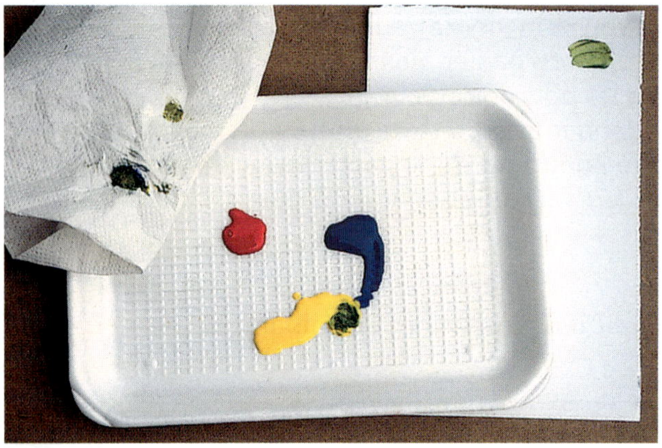

Faire glisser avec le doigt un peu de bleu en bordure de la tache jaune.
Poser le vert obtenu (ici, un vert clair) sur une feuille de papier.
Essuyer les doigts verts avant de recommencer avec une autre couleur primaire.

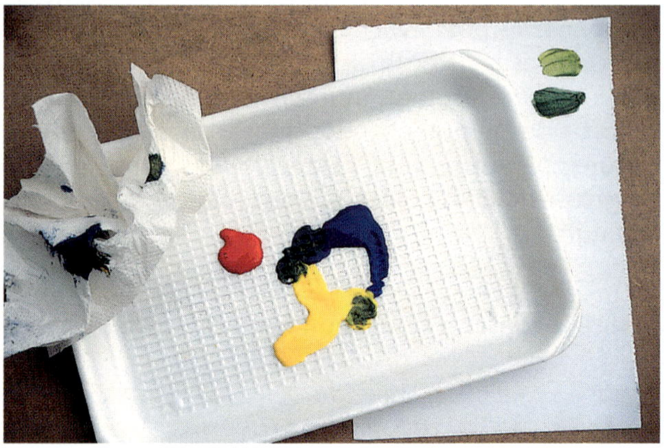

Tenter un autre chemin : pousser un peu de jaune en périphérie de la tache bleue.
Essuyer ses doigts sur le papier. On obtient un vert foncé.

Procéder de la même façon pour la rencontre des autres couleurs.
Veiller à ce que les chemins qui unissent les couleurs restent bien lisibles.

Profiter des essais menés de façon peu rigoureuse pour observer le mélange des trois couleurs primaires.
Recharger les palettes pour permettre à chacun de le faire.

RÉALISATIONS DES ÉLÈVES

RÉINVESTIR IMMÉDIATEMENT LES ACQUIS DES ÉLÈVES

Opérations plastiques

- Mélanger, prélever, peindre
- Dessiner, colorier, cerner

Approfondir les découvertes en repartant d'un nouvel album.
Par exemple, lire ou relire l'histoire d'Elmer, un éléphant pas comme les autres (David McKee, *Elmer*, Kaléidoscope, 1985).
Proposer de chercher les costumes de l'éléphant.

Elmer est un éléphant tout en couleur et il voudrait bien être gris comme les autres : les enfants fabriquent une gamme de gris ainsi qu'une palette de couleurs variées pour traduire la robe de l'animal.

Chaque élève agence sur une feuille de papier A4 les dessins, les formes des imprimés de costumes colorés pour habiller Elmer. Ils sont peints à la gouache et doivent comporter un grand nombre de couleurs.

Puis glisser les essais individuels sous un carton évidé de la forme de l'éléphant : une manière astucieuse de visualiser les vêtements successifs de l'animal.

Un jour par an, les autres éléphants se décorent et se pavanent.
C'est l'occasion pour chaque enfant d'inventer des motifs graphiques hauts en couleur et de jouer avec les feutres.

APPROFONDISSEMENTS

QUELQUES EXERCICES EN ATELIERS SUR LES MÉLANGES : **AVEC DE LA PEINTURE**

Opérations plastiques

- Faire rouler, croiser, superposer
- Verser, plier, presser, déplier
- Enduire, appliquer, empreinter, appuyer

Multiplier les ateliers et les activités pour que les enfants maîtrisent bien la création et l'intervention sur les couleurs.
Diviser la classe en groupes. Chaque groupe, par le biais d'un atelier, explore un procédé différent pour mélanger les couleurs. Les enfants passent, par groupe, dans les différents ateliers.

Trois enfants, chacun muni d'un rouleau et des trois couleurs primaires, juxtaposent de larges bandes de peinture en passant le rouleau de bas en haut de la feuille, en alternant les couleurs. Puis trois autres élèves reprennent les mêmes outils et traversent le support peint de gauche à droite pour croiser les traces et fabriquer ainsi un motif écossais.

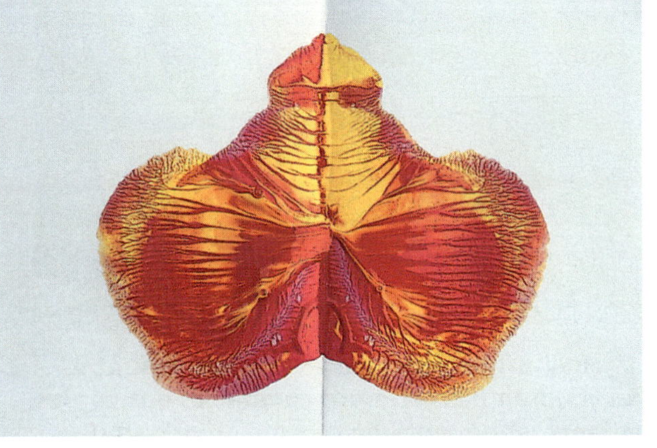

Les enfants peuvent ensuite jouer sur les mélanges et les formes aléatoires.
Plier une feuille en deux, la rouvrir. Déposer de part et d'autre de la pliure une tache de couleur différente.
Replier la feuille, presser fort, ouvrir.
Constater le mélange irrégulier des couleurs et les effets de marbrure obtenus.

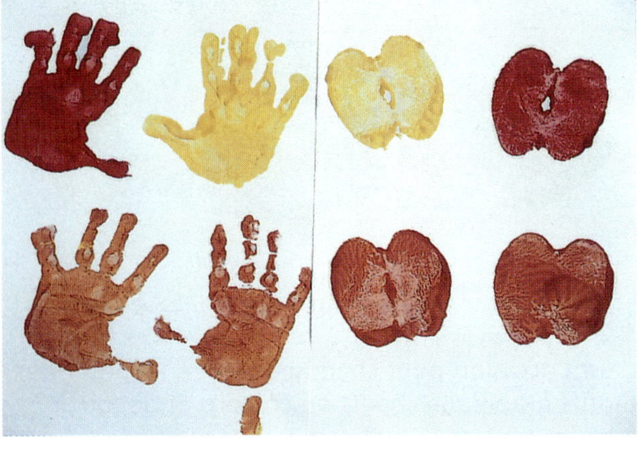

Enduire une main de rouge et l'empreinter sur une feuille blanche. Enduire l'autre main de jaune et s'en servir également de pochoir. Frotter les mains l'une contre l'autre pour mélanger les couleurs. Plaquer les deux mains sur le papier.
Procéder de la même façon en utilisant des fruits coupés en deux : par exemple, la coupe d'une pomme.

QUELQUES EXERCICES EN ATELIERS SUR LES MÉLANGES :
AVEC DE LA PEINTURE OU DE L'ENCRE, ET DE L'EAU

Opérations plastiques
- Verser, faire couler
- Pulvériser
- Souffler

En nettoyant les palettes au coin « eau », les enfants s'émerveillent des effets de dilution et de mélanges des couleurs ! Leur proposer de jouer avec des peintures très liquides.

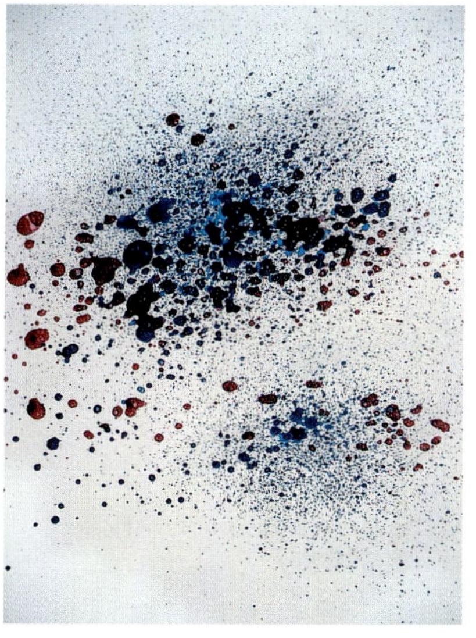

Remplir d'eau un bocal en verre.
Former des couples d'élèves (chaque enfant se détermine pour explorer une couleur).
Mettre à disposition des flacons d'encre (rouge, jaune et bleue) faciles à manipuler.
Un enfant fait couler une goutte d'une teinte et son camarade suit immédiatement la même trajectoire avec une autre couleur.

Récupérer des flacons ménagers équipés de pistolets.
Remplir les pulvérisateurs avec des gouaches ou des encres.
Étendre des supports par terre ou les dresser verticalement en protégeant le sol ou le mur.
Pulvériser à tour de rôle le support, à plat, à la verticale, etc.

Donner un grand format de papier glacé à des groupes de trois à cinq élèves.
Faire couler des taches d'encre des trois couleurs primaires.
Distribuer aux élèves des pailles. Les laisser souffler et provoquer des rencontres surprenantes.

APPROFONDISSEMENTS

QUELQUES EXERCICES EN ATELIERS SUR LES MÉLANGES :
AVEC DE LA PEINTURE OU DE L'ENCRE, ET DE LA COLLE

Opérations plastiques

- Verser, faire couler
- Pousser, glisser, quadriller, tourner, mélanger les teintes
- Poser, soulever, ôter, retourner, déposer le papier, faire un tirage

Dans cet atelier-ci, il s'agit d'épaissir la peinture ou l'encre en la travaillant sur de la colle.
Distribuer des assiettes ou des barquettes et y verser une couche de colle.
Faire couler sur la colle des gouttes de couleurs primaires.
Mélanger les couleurs avec des outils différents.

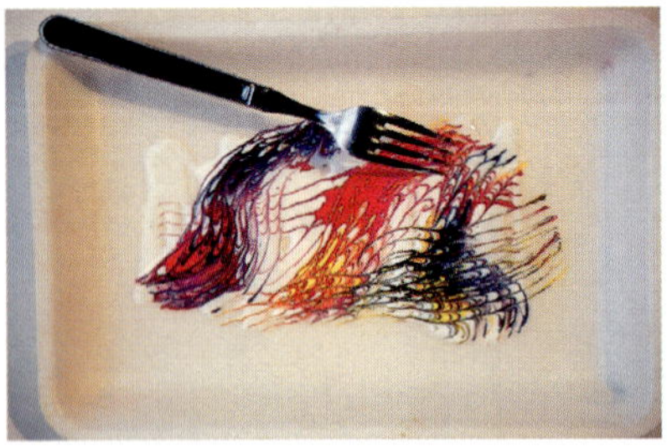

La fourchette produit des quadrillages esthétiques.

La baguette est plus difficile à conduire…

… mais elle permet de dessiner dans la colle, comme un crayon.

Préparer des feuilles de papier blanc d'un format plus petit que le récipient qui contient la colle.
Poser une feuille sur le bain coloré obtenu. Attendre que le papier absorbe les couleurs.
Ôter délicatement le papier en le soulevant par un coin et en diagonale.
Poser une autre feuille, l'enlever en l'attrapant par deux coins de haut en bas pour varier les effets.
Procéder ainsi jusqu'à l'épuisement des couleurs.

EXPÉRIMENTER LES MÉLANGES AVEC UN AUTRE MATÉRIAU QUE LA PEINTURE : **AVEC DES CRAIES, DES FEUTRES, DES CRAYONS**

Opérations plastiques

- Passer, poser, appuyer, colorer
- Croiser, superposer, mélanger
- Estomper, lisser, diluer

Un autre atelier poursuit l'exploration des effets des mélanges des couleurs, mais avec des matériaux moins souvent manipulés que la peinture.

Distribuer des feuilles de papier blanc, des craies sèches et grasses, des crayons (si possible, de couleurs primaires).
Les enfants peuvent travailler par groupes de deux, à condition qu'ils utilisent les mêmes types d'outils en même temps.

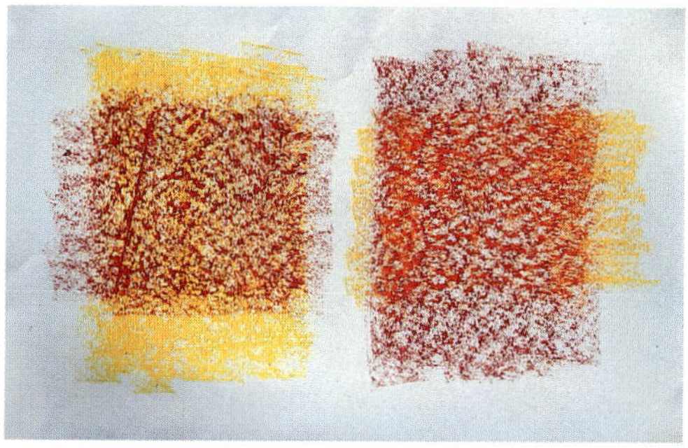

Passer verticalement la tranche d'une craie grasse sur un papier blanc posé sur un support lisse (les pastels gras ou secs font transparaître par frottage sur la feuille toutes les irrégularités du support).
Croiser cet aplat horizontalement avec une craie d'une autre couleur.
Faire la même chose en inversant l'ordre des couches et constater l'intensité des mélanges obtenus.

En suivant la même démarche, utiliser les pastels secs sur de grands formats (attention : les pigments ne tiennent pas sur le papier, il faudra fixer les essais à conserver en pulvérisant en dehors de la salle de classe de la laque à cheveux ou un fixatif bon marché).
Estomper avec les doigts.

Essayer ensuite les feutres.
Certains feutres à pointe extralarge en forme d'ogive se passent comme des pinceaux et sont idéaux pour fabriquer des mélanges. Les feutres ordinaires feront l'affaire si l'on prend la précaution de diluer les couches colorées avec un pinceau chargé d'eau.

Enfin, colorier avec les crayons de couleur. Ils sont plus difficiles à passer : il faut utiliser toutes les faces de la mine, ce qui sera l'occasion d'exercer les enfants au maniement du taille-crayon.
Les croisements des hachures produisent des effets subtils que l'on peut encore parfaire en les lissant avec du papier buvard.
Veiller à distribuer des supports réduits et, pour de jeunes enfants, de gros crayons à mine tendre.

APPROFONDISSEMENTS

EXPÉRIMENTER LES MÉLANGES AVEC UN AUTRE MATÉRIAU QUE LA PEINTURE : **AVEC DES POUDRES**

Opérations plastiques

- Râper, aiguiser
- Verser, doser, mélanger, ajouter

Manipuler des poudres est une activité qui enchante les élèves mais qui exige de la concentration, de la discipline au sein des ateliers pour prévenir des accidents malencontreux. Prévoir des pots en verre (des pots de yaourt, par exemple), des petites râpes ou des taille-crayons, des craies à tableau en couleur (rouge, bleu et jaune).

Faire choisir à chaque enfant une couleur ; lui faire râper la craie sur une feuille ou sur une assiette (compter deux craies par enfant pour remplir un pot).
Verser la poudre dans le pot de verre.
Stocker les pigments primaires (les craies râpées) dans des récipients bouchés (ce qui permet de suspendre l'activité pour la reprendre à un autre moment si besoin).

Mélanger les pigments de craie à du sel ou à du sucre fin.
Certes, les teintes sont éclaircies, mais cette méthode permet de constituer sans peine un stock important de pigments colorés à manipuler sans modération.

Effectuer avec des petites cuillères des mélanges de façon aléatoire d'abord, puis méthodique (un demi-pot de rouge et un demi de jaune donneront un pot d'orange moyen).

Il s'agit maintenant d'obtenir des nuances à partir d'une couleur de base (ici, le jaune) dans laquelle on ajoute progressivement des cuillerées de bleu. Verser les nouvelles teintes dans des flacons et les classer (ici, des verts qui vont du bleu vers le jaune).

Opérations plastiques

- Verser, remplir, boucher, ranger
- Écraser la craie sur le support
- Encoller, saupoudrer, souffler

Constituer peu à peu une collection de poudres des couleurs secondaires et s'en servir comme réservoirs pour des activités de tris (valeurs, nuances).

Mettre en valeur la collection obtenue, sur une étagère, un présentoir, une jolie vitrine.

Utiliser les poudres tombées sur les feuilles de papier lors des transvasements pour écraser librement les grains de craie et obtenir des compositions colorées.

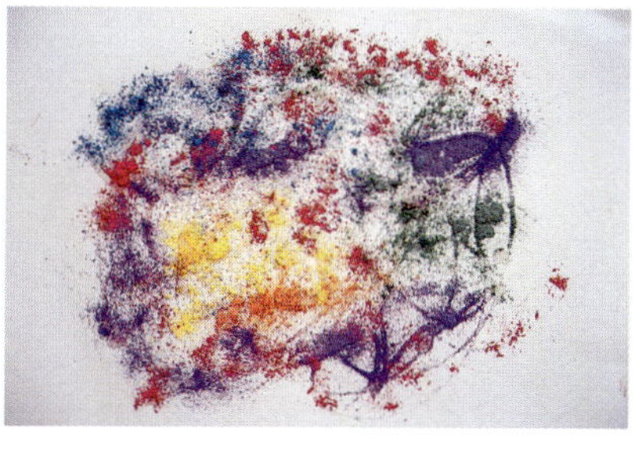

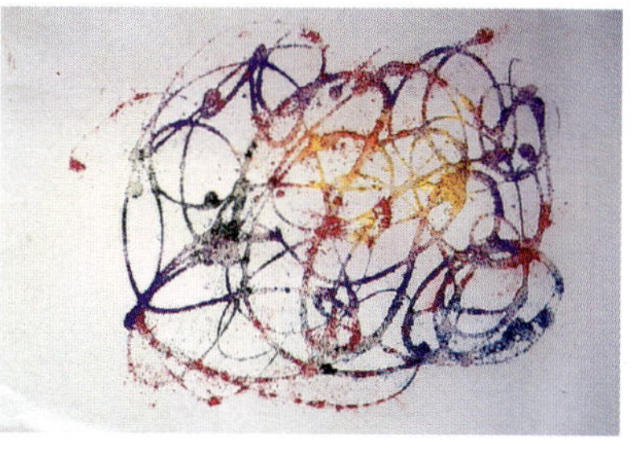

Ou bien recouvrir généreusement de craie des lacis dessinés à la colle, laisser sécher, souffler pour faire apparaître un réseau de lignes colorées.

EXPRESSION PERSONNELLE

RÉALISER DES OBJETS DÉCORATIFS

Les enfants ont vu dans les boutiques de jolis flacons remplis de poudres colorées. Ils ont envie à leur tour d'en fabriquer pour les offrir à la fête des Mères.
Collecter des pots (confiture...) et des flacons (parfum...) de petite taille.
Faire une démonstration pour que chacun comprenne la technique.

Verser au fond du pot, à l'aide d'une petite cuillère, un tas de poudre d'une couleur. Sans lever le récipient, verser une autre cuillerée de poudre d'une autre couleur à côté du premier tas, et ainsi de suite.

Utiliser le sel pour créer des zones blanches qui mettront en valeur les couleurs et pour remplir le haut du pot. Tasser les pigments en bouchant le pot.

Pour des effets supplémentaires, glisser une baguette ou une aiguille à tricoter le long des parois du pot, en provoquant ainsi des coulées de pigments.
Réserver cette technique pour les plus grands (ou les plus habiles) qui auront fabriqué deux pots, car les effets sont aléatoires et, surtout, irréversibles !

Proposer aux plus jeunes des réalisations plus faciles à mettre en œuvre et qui reprennent les expérimentations déjà conduites.

Choisir une forme simple.
La dessiner au crayon puis la remplir avec de la colle (pour les plus jeunes, il existe une colle bleutée qui permet de visualiser le dessin et qui devient transparente en séchant).
Saupoudrer largement de pigments colorés, laisser sécher, souffler sur le support : seule la zone encollée retiendra les poudres.

Appliquer la même technique, mais mélanger les pigments avec les doigts pour créer des marbrures dans la colle.

Enduire un support cartonné d'une couche épaisse de colle.
Verser des gouttes d'encre ou de peinture au hasard.
Mélanger les couleurs primaires avec des outils différents.

Dessiner et remplir avec la colle des formes plus élaborées.
Faire couler la ou les couleur(s) désirée(s) sur la colle. Mélanger avec les doigts ou au pinceau.

Laisser les enfants exprimer leurs idées pour créer des compositions personnelles et, la plupart du temps, individuelles. Définir avec eux le matériel dont ils ont besoin pour fonctionner de façon autonome.

Certains reprennent le mélange des couleurs avec des outils différents : ici, un travail avec des gouaches appliquées directement du tube sur le papier.

Plusieurs récupèrent des fragments intéressants dans les stocks d'essais pour agencer librement des collages.

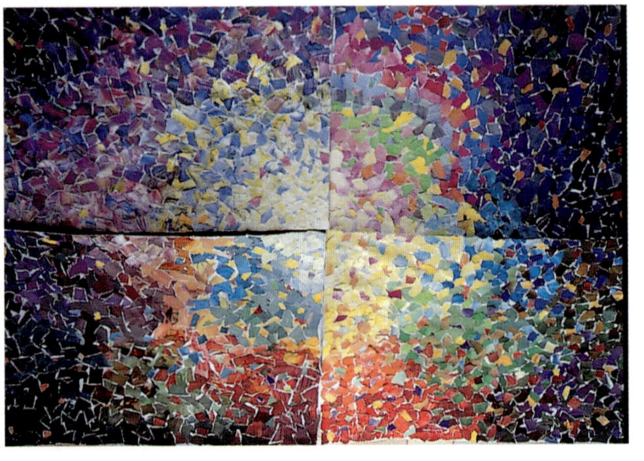

Quelques-uns se regroupent pour composer un grand nuancier en papiers déchirés.

Inciter les élèves à se constituer un carnet des couleurs qui sera la mémoire de leurs expérimentations.

TRAVAILLER SUR UNE COULEUR

Il s'agit de choisir collectivement une couleur et de l'explorer pleinement.
Le choix s'effectue en fonction du vécu de la classe : une sortie dans la nature fera opter pour le vert, l'illustration d'un conte ou une collecte d'objets ou d'images pour le violet ou l'orange. On peut imaginer voir la classe en monochrome et s'imprégner d'une couleur pendant quelques semaines !

De nouveau pour un très court moment, on peut également, pour le plaisir et pour consolider les acquis des élèves, repasser par les étapes proposées dans la séquence de découverte des couleurs primaires « Rouge, jaune, bleu », page 57 : collecter des objets et des papiers, les agencer, mais cette fois en proposant des œuvres d'artistes en phase de sollicitation.

JOËL HUBAUT (NÉ EN 1947 À AMIENS ; VIT À RÉVILLE, NORMANDIE)

Site CLOM avec CYBACLOM, *Liberterreur of Kama Sutra Agricol*, de Lavardac (47), Scène nationale, Cherbourg 2001.

L'artiste a impliqué dans son projet une classe de lycée : il a construit un site monochrome (un CLOM) avec l'aide des élèves. Ces derniers ont mis au point une campagne d'information, tant à l'intérieur qu'à l'extérieur du lycée, pour organiser un ramassage, une collecte de matériaux d'une même couleur, prêtés ou donnés, qui alimenteront une installation. Toute personne volontaire et acceptant de s'habiller en vert peut participer à l'œuvre et s'y intégrer comme une sculpture vivante.
La pratique originale et spectaculaire d'Hubaut veut provoquer chez le spectateur une réflexion sur le rôle de code que joue la couleur dans les sociétés humaines.

TONY CRAGG (NÉ EN 1949 À LIVERPOOL)

Le sculpteur a choisi comme matrice la silhouette d'une bouteille en plastique, produit industriel surabondant qui nous renvoie aux problèmes de notre société de consommation.
L'objet réel est posé comme référent à côté de l'installation.
L'artiste utilise le sol de la galerie comme support : il y juxtapose de façon organisée des objets rebuts de l'industrie contemporaine, en ménageant des intervalles pour obtenir de grandes formes facilement identifiables.

Sans titre, titre attribué : *Bouteille verte*, 1980, installation au sol, objets de récupération (plastique, bois, métal, tissu), 350 x 550 cm, Musée national d'Art moderne, Centre Georges-Pompidou, Paris.

RÉALISATIONS DES ÉLÈVES

AUTOUR DU VERT : **ASSEMBLER DES OBJETS**

Opérations plastiques
- Collecter, récupérer, trier
- Placer, agencer, disposer
- Réunir, éloigner
- Photographier

Proposer le sol comme support.
Laisser les enfants agencer des formes par essais successifs.
Fixer les compositions sur des cartons rigides ou les photographier.

Collecter des objets verts de forme, de taille et de nature variées.

Les enfants ont instinctivement reproduit le stéréotype du soleil puis ont dérivé vers le dessin d'une fleur.

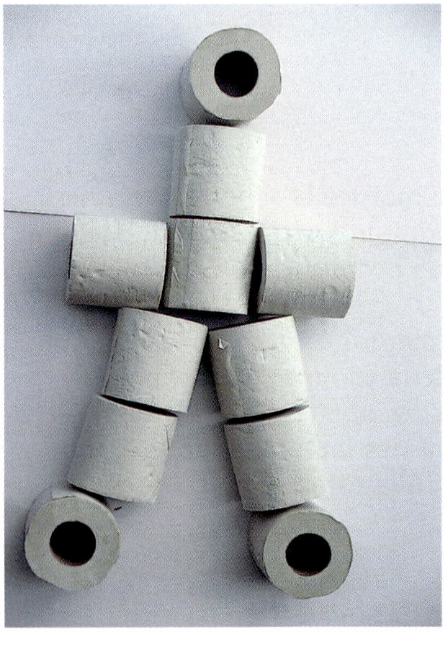

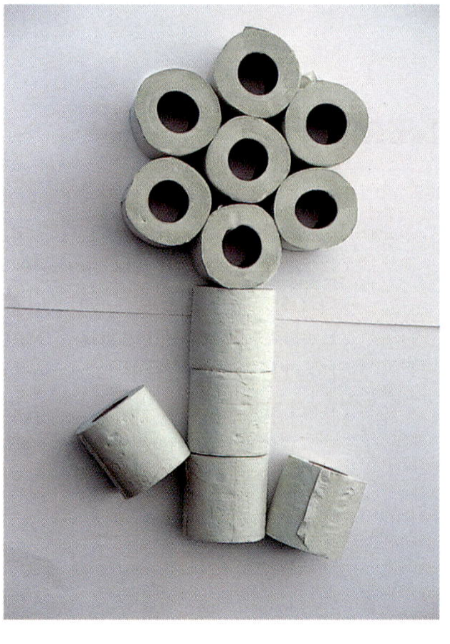

L'achat de quelques paquets de rouleaux de papier toilette vert a permis de composer différents volumes à partir d'une même forme (ici, un rouleau), en jouant sur la manière de poser l'objet au sol.

AUTOUR DU VERT : **CRÉER DES FONDS**

Opérations plastiques

- Mélanger, touiller ou faire glisser des peintures
- Prélever, poser, aligner des échantillons
- Remplir, peindre : tapoter, appuyer, presser, poser des touches

Laisser les élèves réinvestir librement ce qu'ils ont constaté lors de la fabrication des mélanges. Mettre à leur disposition de la peinture : les trois couleurs primaires, du blanc, du noir.

Certains vont se rappeler qu'ils peuvent obtenir du vert à partir du jaune et du noir.

D'autres vont préférer fabriquer du vert avec du jaune et du bleu, en mélangeant préalablement les teintes sur la palette et en posant ensuite la couleur obtenue sur le papier avec le pinceau.

Quelques audacieux joueront avec les nuances (des verts tirant sur le jaune ou le bleu), en travaillant directement sur le support par recouvrement : étendre une première couleur sur le papier, puis en superposer une autre.

Dans un second temps, distribuer des palettes propres, les recharger avec du bleu et du jaune, et donner des consignes plus précises pour obtenir des nuances variées :
- utiliser les doigts comme pinceaux ;
- économiser les couleurs en fabriquant des mélanges en bordure des taches ;
- réussir au moins trois verts qui tirent vers le jaune et trois qui tirent vers le bleu ;
- garder un échantillon de chacune de ces nuances.

Le mélange ne s'effectue pas avec la totalité de la tache colorée, mais en amenant de petites quantités de couleur en bordure de tache.

Inviter quelques élèves à se grouper pour présenter, sur un même carton, en petites touches, les différentes nuances qu'ils ont obtenues.

Utiliser jusqu'au bout les restes de peinture : à tour de rôle, remplir une feuille blanche commune avec des touches jaunes, bleues et vertes, en essayant de répartir les couleurs sur tout le format.

Procéder avec les doigts pour un rendu fin, ou avec des chiffons, des brosses et des pinceaux pour un effet plus fondu.

RÉALISATIONS DES ÉLÈVES

Inciter tous les élèves à fabriquer à nouveau une petite quantité de vert : du vert à éclaircir avec du blanc, puis à foncer avec un peu de noir.

Leur demander de garder la trace des valeurs obtenues (des touches de vert clair, de vert foncé).

Travailler à partir du gris et ajouter du vert pour obtenir une gamme de gris colorés.

Préparer sur une table des pigments naturels : végétaux (salade, feuilles, herbes…) ou minéraux (terres vertes, que l'on trouve dans tous les magasins spécialisés en arts plastiques) pour que les enfants les essaient.

Des épinards décongelés écrasés sur le papier donnent un beau vert frais, mais qui, en séchant et sous l'action de la lumière, va virer au jaune. Les pigments naturels sont peu fiables !

AUTOUR DU VERT : **CONTRASTER UNE FORME SUR UN FOND**

Opérations plastiques

- Tracer, dessiner
- Déchirer, découper
- Colorier, peindre

Lire aux élèves l'album *Petit-Bleu et Petit-Jaune*, de Léo Lionni (L'École des Loisirs, 1971).
L'étape de synthèse de la fabrication du vert peut s'appuyer sur cette histoire dans laquelle les deux héros sont des taches de couleur ou des papiers déchirés. Mais cet ouvrage peut aussi relancer l'intérêt et motiver une activité sur la mise en valeur d'une forme (ce peut être un personnage, un animal rencontré récemment qui, tour à tour, a besoin de se cacher ou de se montrer).

Par exemple, ici, la forme très sommairement tracée est un renard dont on vient de raconter les aventures.
Les enfants le mettent en couleur et le promènent sur les fonds verts : le renard doit parfois se cacher (il est alors vert ou bleu) ou bien se montrer (il est alors rouge ou orange).

RÉALISATIONS DES ÉLÈVES

Afficher toutes les réalisations pour alimenter une synthèse active.

Diriger les constats par des tris successifs :
- les productions où la forme se détache du fond ;
- celles où la forme se noie dans le fond.

Affiner les sensations visuelles en comparant les travaux d'une même sélection et en explicitant ce que l'on constate. Par exemple, dans la série où le renard se voit bien, la forme rouge ressort mieux que la forme orange ; dans celle où le renard se cache, la forme vert foncé disparaît mieux que la forme vert clair parce que le fond est vert foncé.

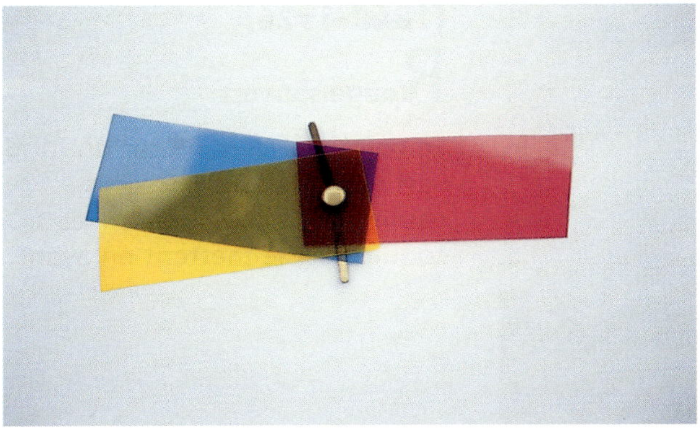

Fabriquer quelques tourniquets avec des bandes de plastique colorées et une attache parisienne. Mettre l'une sur l'autre les bandes des deux couleurs primaires qui ont servi à fabriquer le fond vert (ici, le jaune et le bleu).
Constater que la couleur qui reste est la complémentaire du vert, celle qui s'oppose le plus (ici, le magenta).

Jouer avec le tourniquet pour trouver les autres couleurs secondaires et découvrir pour chacune leur complémentaire.

LES PROCÉDÉS DES ARTISTES

C'est le moment d'aller voir comment les artistes emploient les couleurs complémentaires pour détacher leurs formes du fond.
Certains utilisent la couleur complémentaire de façon parcimonieuse.

VINCENT VAN GOGH (1853-1890)

Orangé sur bleu

L'artiste se contente de poser la couleur complémentaire (l'orange) sur une petite surface de la toile, pour mettre en valeur un détail (le toit, à droite).

L'Église d'Auvers-sur-Oise, vue du chevet, 1890, huile sur toile, 0,94 x 0, 74 m, musée d'Orsay, Paris.

CLAUDE MONET (1840-1926)

Rouge sur vert

Le peintre dissémine sur un fond vert de fines touches de sa couleur complémentaire : les coquelicots se mettent en avant.

Les Coquelicots, environs d'Argenteuil, 1873, huile sur toile, 50 x 65 cm, musée d'Orsay, Paris.

D'autres artistes accentuent le contraste des couleurs en utilisant largement la complémentaire.

Femme au mango, 1892, huile sur toile, 72,7 x 44,5 cm,
Baltimore Museum of Art, Maryland, USA.

PAUL GAUGUIN (1848-1903)

Violet sur jaune

Ici, Gauguin donne la vedette à la complémentaire bleu-violet. Le fond jaune fait ressortir de façon intense la robe de la femme.

Bonaparte, premier consul, 1804,
huile sur toile, Liège, musée des Beaux-Arts, Belgique.

JEAN AUGUSTE DOMINIQUE INGRES (1780-1867)

Ce remarquable dessinateur utilise fréquemment dans ses œuvres le couple des couleurs complémentaires rouge et vert. Ici, il veut traduire par ce moyen la personnalité très forte de Napoléon et la place qu'il va occuper dans l'Europe. Il choisit donc de placer son personnage au centre de la toile et de traiter son costume en rouge. Tout autour du sujet, il oppose des nuances de verts. Le personnage avance littéralement vers le spectateur, semblant occuper tout l'espace du tableau.

GUY LIMONE (NÉ EN 1958 À VILLEFRANCHE-SUR-SAÔNE ; VIT ET TRAVAILLE À MARSEILLE)

Ce plasticien choisit, découpe, protège et présente des images issues de prospectus et de revues qui envahissent nos boîtes aux lettres. Une collection de 500 images constitue un tableau d'une même couleur ou d'une combinaison de couleurs, en hommage à l'histoire de l'art.

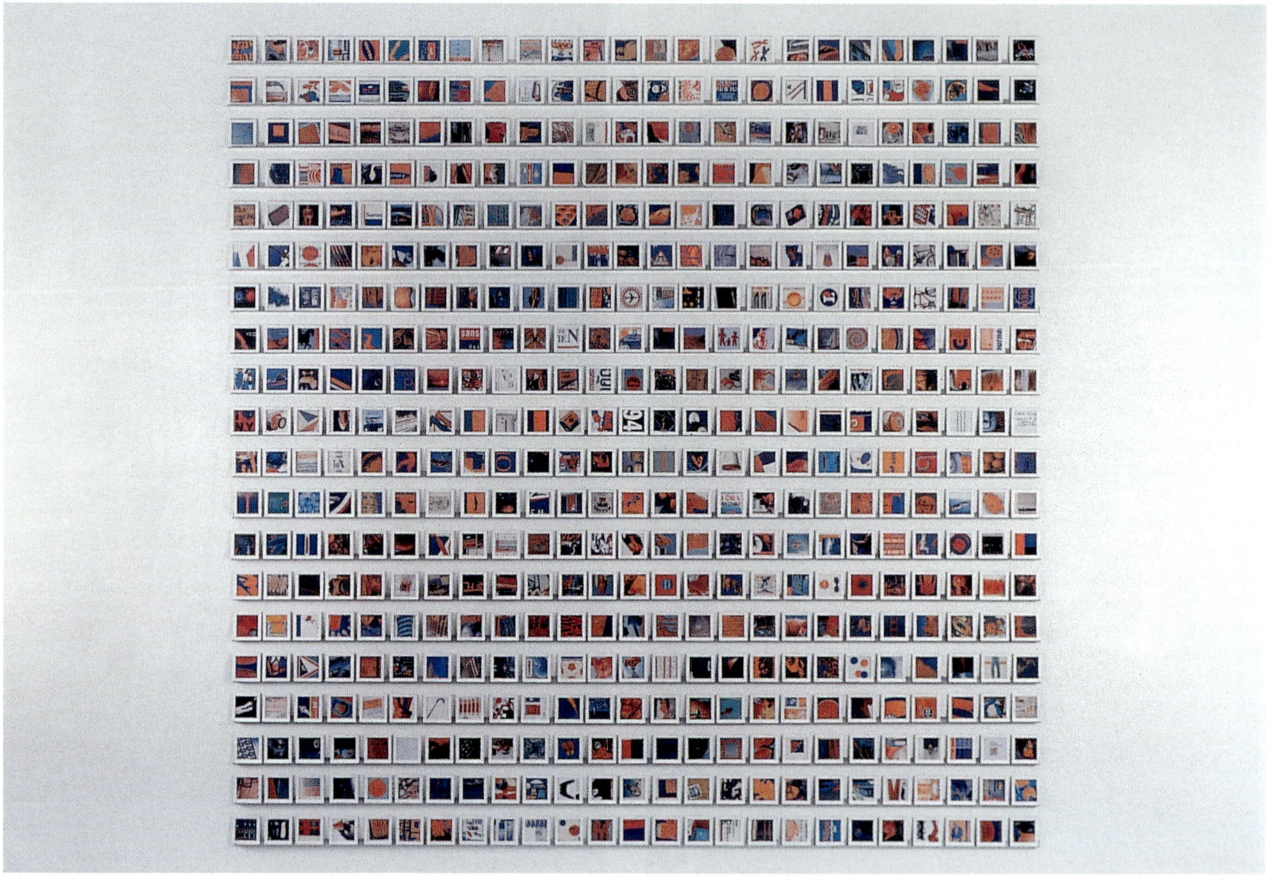

Collection orange et bleue, 2001, 500 images, 500 cadres en verre, aluminium, 200 x 200 cm, galerie Emmanuel-Perrotin, Paris.

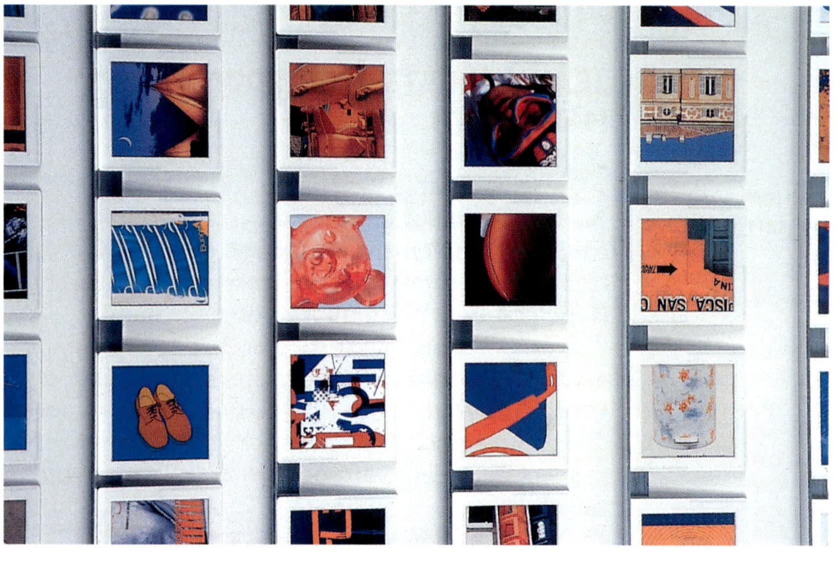

Ici, sur un fond blanc, l'artiste juxtapose des carrés colorés, des images avec du bleu et de l'orange, associe ces deux couleurs complémentaires pour créer un patchwork tout en contrastes.

Collection orange et bleue, détail.

APPROFONDISSEMENTS

CONTRASTER LES COULEURS : **AVEC L'OUTIL INFORMATIQUE**

Utiliser l'outil informatique pour vérifier puis consolider individuellement les acquisitions des enfants. Choisir un logiciel aux fonctions très simples et faciles à mémoriser (par exemple, Paint).

Ouvrir Paint : une page à dessin blanche s'affiche. L'agrandir (cliquer sur l'un des coins de la feuille et déplacer le curseur tout en maintenant le clic).
Sélectionner en cliquant dans la barre des outils le rectangle plein qui servira de cadre. Tracer un rectangle sur la feuille.
Cliquer sur l'icone du crayon et dessiner une forme simple dans le rectangle : veiller à bien fermer ses contours pour que son remplissage soit possible.
Cliquer dans la barre d'outils sur le rectangle en pointillés : il sert à sélectionner des zones sur la feuille Paint. Encadrer le rectangle déjà dessiné en débordant autour.
Aller chercher dans le bandeau supérieur l'onglet « Édition », sélectionner « Copier », puis placer le curseur sur la feuille Paint et sélectionner « Coller » : un deuxième dessin se place sur le premier. Le déplacer.
Copier et coller autant de fois que nécessaire pour obtenir dans la page une multitude de dessins à mettre en couleur. Pour déplacer chaque dessin, il faut le sélectionner avec la commande du rectangle en pointillés, maintenir le clic et faire glisser le dessin sur un endroit vierge de la feuille.

Pour la mise en couleur, sélectionner l'icone du pot de peinture puis cliquer sur une couleur, dans la barre d'outils.
Amener le pot de peinture sur le fond et cliquer : le fond se remplit de la couleur choisie.
Charger le pot de peinture d'une autre couleur puis le glisser sur la forme et cliquer : la forme se colore.

Toutes les possibilités de mise en couleur sont possibles ; afficher les productions successives à l'écran pour pouvoir les comparer.

CONTRASTER LES COULEURS : AVEC DES POCHOIRS ET DE LA PEINTURE

Opérations plastiques

- Dessiner, découper
- Placer, tenir, ôter, repositionner le pochoir
- Tapoter, tamponner la couleur

On peut préférer travailler avec des outils plus traditionnels. Fabriquer un pochoir solide (en carton, par exemple). Choisir une ou plusieurs forme(s) simple(s), facile(s) à reproduire et à découper.

Placer le pochoir sur le fond blanc. Le tenir avec une main (pour de jeunes enfants, coller sous le pochoir un adhésif du type pâte à fixer qui s'enlève facilement mais permet à la forme de ne pas glisser momentanément).
Tapoter la couleur autour de la forme avec une brosse ronde ou une éponge.
Ôter le pochoir : la figure s'inscrit en négatif.

Couvrir les blancs autour des formes pour obtenir un fond d'une couleur unique.

Peindre l'intérieur des formes, à l'aide d'un gros pinceau ou d'une brosse, avec les couleurs primaires puis secondaires.
Constater l'intensité de l'opposition des couleurs.
Définir la couleur qui s'oppose le plus au fond (c'est-à-dire sa complémentaire).

Découper dans les essais les contrastes les plus marqués (ou recommencer une série de pochoirs) pour les coller sur une feuille qui illustrera la synthèse des activités.

EXPRESSION PERSONNELLE

DES COMPOSITIONS INDIVIDUELLES COMPLEXES

Les enfants se fabriquent des petits pochoirs en carton et les promènent sur des feuilles au format de leur choix.
Ils choisissent les gros feutres pour mettre en couleur leur travail.

Certains jouent l'opposition clair/foncé. Le pochoir en blanc ou en noir ressort sur le fond coloré ; s'il est de la même couleur que le fond, il est alors plus clair ou plus foncé.

D'autres opposent fond et forme en utilisant les couleurs complémentaires dans une partie de leur réalisation.

Les élèves jouent les contrastes avec des papiers découpés.
Tous les procédés sont permis : superposer, juxtaposer, tresser.

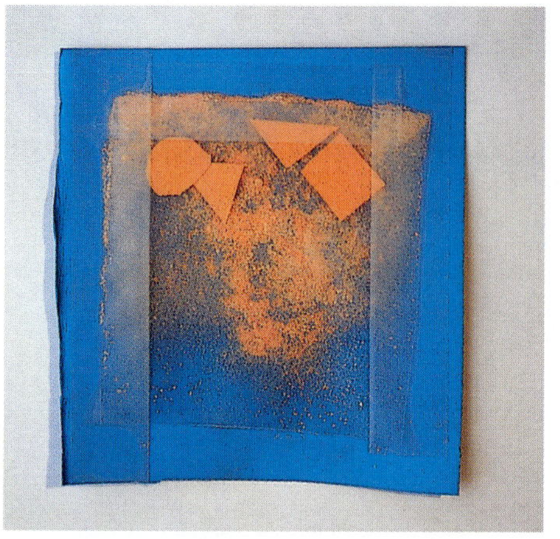

Ils collent sur le fond en couleur (ici, bleu) un morceau de plastique fin. Ils y glissent des formes découpées et ajoutent de la poudre d'une couleur contrastée (ici, orange). En bougeant le support, ils changent la composition.

Ils découpent dans des magazines un fragment bien coloré qu'ils collent au milieu d'une feuille blanche. Ils le mettent en valeur ou le fondent en utilisant les feutres ou les crayons.

Ils récupèrent des boîtes en carton qu'ils enveloppent de papier blanc. Ils mettent en couleur au gré de leur fantaisie toutes les faces du volume. Toutes les techniques expérimentées précédemment sont appliquées : empreintes, collages, pochoirs... Les réalisations individuelles sont empilées pour former une grosse sculpture colorée.

INTERDISCIPLINARITÉ

QUELQUES IDÉES D'ACTIVITÉS INTERDISCIPLINAIRES AUTOUR DES COULEURS SECONDAIRES : UNE OU PLUSIEURS PISTES À CHOISIR JUDICIEUSEMENT

Maîtrise de la langue

VOCABULAIRE

- Reconnaître et nommer les couleurs (primaires et binaires)
- Caractériser la couleur par un adjectif qualificatif : *claire/foncée, vive/terne, pure/mélangée...*
- Utiliser le lexique spécifique aux arts plastiques : *couleurs primaires, binaires ou secondaires, complémentaires, harmonie ou contraste des couleurs*

POÉSIE

- Dire des poésies sur les couleurs secondaires, en inventer

Découvrir le monde

DÉCOUVERTE SENSORIELLE DES OBJETS

- Explorer les qualités tactiles et les caractéristiques visuelles des objets (couleurs, intensités, oppositions...)
- Les reconnaître, les décrire, les comparer (taille, masse, contenance, forme)
- Les percevoir autrement avec des instruments d'optique simples (verres de couleur, mais aussi loupes, tubes)

DÉCOUVERTE DES FORMES ET DES GRANDEURS

- Les classer, les ordonner, les ranger, les dénombrer en se donnant des critères

APPROCHE DES QUANTITÉS ET DES NOMBRES

- Reconnaître le nombre d'objets d'une collection
- Comparer des quantités, les mémoriser, les communiquer

EXPLORATION DU MONDE DE LA MATIÈRE

- Distinguer l'objet et la matière dont il est constitué
- Découvrir les propriétés de quelques matières

DÉCOUVERTE DU MONDE DES OBJETS, ÉDUCATION À LA SÉCURITÉ

- Jouer avec des objets, les manipuler
- Découvrir leurs usages
- Les démonter, les remonter
- Prendre conscience des risques (objets dangereux)

REPÉRAGE DANS L'ESPACE

- Organiser les objets d'une collection
- Verbaliser leurs relations spatiales
- Représenter ces relations
- Découvrir des territoires lointains et inconnus (leurs couleurs) : les couleurs de l'Afrique, des déserts, des épices et des tissus, les couleurs des îles, celles du pôle Nord...

Gros plan sur les sciences

COMPRENDRE QUE LA LUMIÈRE N'EST PAS TOUJOURS BLANCHE...

Décomposer la lumière

Faire des bulles de savon dans la cour au soleil : constater qu'elles se parent de couleurs irisées, rouges, bleues, vertes.
Mouiller le sol de la cour sur une petite surface, ajouter quelques taches d'huile : constater que les taches s'irisent.
Formuler le problème : si la lumière est blanche, d'où viennent ces couleurs ?

Réaliser un spectre avec un verre d'eau : poser un verre d'eau plein sur le rebord d'une fenêtre.
Coller sur la face du verre qui reçoit la lumière un morceau de carton entaillé d'une fente.
Glisser sous le verre un carré de papier blanc.
Observer l'arc-en-ciel qui se projette sur le carré blanc.

Montrer avec un prisme la décomposition de la lumière.
Relever le nom des couleurs : rouge, orange, jaune ; vert, bleu, indigo, violet.
Repérer les teintes que les enfants ont du mal à reconnaître, les dessiner.
Montrer la photographie d'un arc-en-ciel : faire la relation avec le prisme et le verre d'eau, expliquer que les gouttes d'eau ou la pluie jouent le rôle de prisme.
Observer l'ordre des couleurs dans l'arc-en-ciel : le rouge est à l'extérieur, le violet à l'intérieur.

Conclure : la lumière blanche est composée de couleurs que l'on ne voit pas tout le temps ; il faut qu'elle traverse des gouttes d'eau.

Recomposer la lumière blanche, découvrir le disque de Newton

Newton est un mathématicien, physicien et philosophe britannique qui exposa en 1669 une théorie sur la composition de la lumière. Il démontra, grâce au prisme, que la lumière blanche se décompose en un étalement de sept couleurs. Inversement, en mélangeant ces couleurs, on obtient de la lumière blanche.
L'utilisation d'une lentille pour concentrer les couleurs du spectre est trop difficile à mettre en œuvre à l'école maternelle, ce sera plus facile et plus amusant avec une toupie !

Tracer des cercles sur du papier bristol ou de la cartoline.
Colorier l'intérieur des cercles avec les trois couleurs primaires :
- librement ;
- en annonçant une stratégie (en bandes, en zones cloisonnées…).

Découper les cercles et les fixer (avec une boulette de pâte à fixer, par exemple) :
- sur un électrophone ;
- sur le fond d'une essoreuse à salade.

Les faire tourner de plus en plus vite.
Constater comment les couleurs se mélangent optiquement.

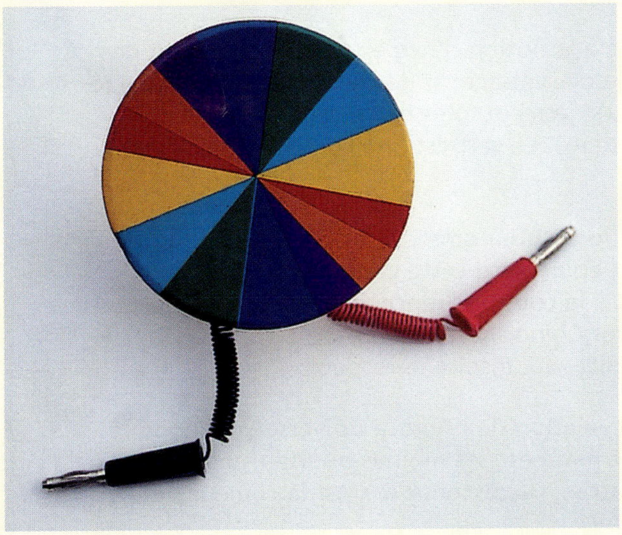

Découper un dernier cercle de carton et le diviser en six secteurs de taille égale.
Colorier l'intérieur de chaque secteur avec une couleur de l'arc-en-ciel : l'idéal serait de se procurer, dans les catalogues scolaires spécialisés dans le matériel scientifique, un vrai disque de Newton (il existe des modèles équipés d'un circuit électrique à brancher sur une pile plate pour le faire tourner).
Faire tourner ce disque coloré de plus en plus vite (en le fixant, par exemple, sur le disque d'une perceuse électrique à plusieurs vitesses).
Constater que l'on obtient de la lumière blanche.

Couleurs secondaires

Les artistes préhistoriques ne pratiquent pas les mélanges de couleurs. Ils se procurent des jaunes et des rouges en broyant des terres et obtiennent une gamme d'orangés en les faisant plus ou moins cuire. Mais il leur manque le bleu ; il leur est donc impossible de réaliser du vert et du violet !
Dès l'Antiquité, la palette s'enrichit avec des pigments minéraux (des terres vertes, le fameux bleu des Égyptiens dont la recette reste inconnue) et des végétaux que l'on doit fixer pour les stabiliser : le manglier (une espèce de palétuvier) et la rose d'Inde pour l'orangé, l'ortie pour le vert et enfin l'indigotier pour le bleu.
Au Moyen Âge, les pigments sont passés purs sur les supports apprêtés, ou liés avec de l'œuf, cette dernière technique n'autorisant guère les mélanges.
À la Renaissance, chaque atelier ou école produit de manière très complexe ses mélanges de couleurs et garde jalousement ses recettes.
Il faudra attendre l'apparition, au XIXe siècle, des tubes en étain et des pigments de synthèse pour que les artistes impressionnistes fabriquent sur leur palette, à partir des couleurs primaires, des centaines de binaires qu'ils posent sur leur toile en petites touches nuancées.
Les pointillistes ou divisionnistes exploitent les connaissances scientifiques sur la couleur : ils ne mélangent pas physiquement deux couleurs primaires, mais les juxtaposent en petits points sur la toile. L'œil du spectateur, à une certaine distance, effectue lui-même le mélange.

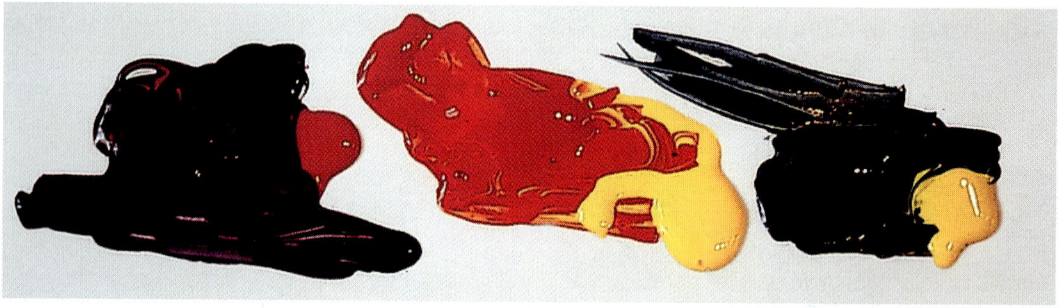

Les couleurs secondaires font partie d'un code dont la signification varie suivant l'époque et le pays.

Le vert est, depuis le Moyen Âge, attaché à la notion d'hygiène, c'est la couleur des apothicaires mais aussi, de nos jours, celle des vêtements de chirurgie. Il symbolise le destin, la chance (le tapis vert des tables de jeux) et, plus récemment, la nature (écologie oblige) ou l'étrangeté (les Martiens). Le vert est une couleur froide mais tonique.

Le violet est symbole de spiritualité dans le christianisme : Jésus porte une robe violette pendant la Passion, les évêques adoptent également cette couleur pour leurs vêtements, c'est aussi la couleur du deuil à la cour de France (celle des draps posés sur le cercueil) et un symbole de mort pour les Chinois.
Le violet est une couleur froide, pondérante, qui inspire le respect.

L'orangé symbolise, dans la religion, la révélation de l'Amour universel : à l'époque médiévale, c'était la couleur des robes de mariées ; les moines bouddhistes portent, encore aujourd'hui, des tenues orange safran. Par extension, c'est la couleur des épicuriens et donc de la luxure.
L'orangé est une couleur chaude, active et tonifiante.

Bibliographie

AUTOUR DE LA PÉDAGOGIE DES ARTS VISUELS

Daniel Lagoutte, *Enseigner les arts visuels*, Hachette Éducation, coll. « Pédagogie pratique à l'école », 2002.

Daniel Lagoutte, *Les Arts plastiques, contenus, enjeux et finalités*, Armand Colin, 1990.

Claude Reyt, *Les Arts plastiques à l'école*, Arman Colin, 1998.

L'Éducation artistique à l'école, MEN/Direction des Écoles/CNDP/Savoir-Livre, diffusion Hachette Éducation, 1993.

Les Arts plastiques à l'école, découverte et expression, cycles 1 et 2, Bordas, coll. « R. Tavernier », 1993.

AUTOUR DES ŒUVRES PRÉSENTÉES AUX ENFANTS

Lecture d'œuvres picturales, éd. Jocatop, Morières-les-Avignon, 1995.

Ensemble pédagogique la couleur, éd. Jocatop, 1995.

Joël Hubaut, *Serial Couleurre, Clomorama 47*, Vers les Arts/Armand Fallières/Ministère de l'Agriculture et de la Pêche, 2002.

Christophe Domino, *L'Art contemporain*, Scala/Centre Georges-Pompidou, coll. « Tableaux choisis », 1994.

AUTOUR DU THÈME DE LA COULEUR

« La couleur », *in Sciences et Vie Junior*, dossier hors série n° 23, janvier 1996.

Éducation enfantine, Nathan, n° 1002, septembre 1998.

Alison Cole, *La Couleur*, Gallimard, coll. « Passion des arts », 1994.

Johannes Itten, *Art de la couleur, Édition abrégée*, Dessain et Tolra, 1996.

Robin Kerrod, *La lumière est fantastique*, SAEP, coll. « Les Secrets de la science », 1991.

Jacques Fijalkow, Joëlle Garcia, Patrice Cayré, *Les Cinq Sens*, Magnard, 1994.

Marie-José Pillet, *L'Atelier des cinq sens*, Dessain et Tolra, 1993.

La Main à la Pâte, David Wilgenbus, Jean-Marie Bouchard, Pierre Léna (sous la dir. de), *Graines de sciences*, Le Pommier, 4 vol., 1999-2002.

Aline Rutily, *Matières et couleurs avec les 5-6 ans*, Nathan, coll. « Une année de », 1991.

Hajo Düchting, *Comprendre et créer la couleur*, Dessain et Tolra, 1990.

Daniel Lacomme, *La Couleur dans le dessin et la peinture*, Bordas, coll. « L'Atelier vivant », 1994.

DES LIVRES POUR LA CLASSE

A. Lobel, *Le Magicien des couleurs*, L'École des Loisirs, 1980.

Kveta Pacovska, *Couleur, couleurs, Le livre-jeu des couleurs*, Seuil Jeunesse, 2000.

Léo Lionni, *Petit-Bleu et Petit-Jaune*, L'École des Loisirs, 1971.

Ellen Stoll Walsh, *Trois Souris peintres*, Mijade, coll. « Petit Mijade », 2001.

Éric Carle, *Le Petit Caméléon de toutes les couleurs*, Nathan, 1975.

Jacques Lacarrière, May Angéli, *Les Sept Coqs de l'aube*, Syros Alternative, coll. « Feuilles », 1989.

David MacKee, *Elmer*, Kaléidoscope, 1985.

Isidro Sanchez, Horacio Héléna, *Jouez avec les couleurs*, Gründ, coll. « Je dessine, je peins », 1992.

Couleurs, Nathan, coll. « Images-images », 1991.

Joan Steiner, *Trompe-l'œil*, Circonflexe, coll. « Aux couleurs du monde », 1999.

Maïté Balart, *Sable coloré*, Fleurus, coll. « Activités Fleurus Junior », 2000.

CÉDÉROM

Ayshe Farman Farmaian, Daniel Kapelian, Michel Jaffrenou, *Le Centre Georges-Pompidou, Le musée virtuel de l'art du XXe siècle*, Emme, 1997-2000.

TABLE DES SÉANCES

Mélanges de couleurs

Pages	N° de la séance et intitulé	Durée des séances	Organisation	Matériel
93	**1.** SOLLICITATION DES ÉLÈVES Faire vivre une histoire	1 h 00	Groupe classe	Album, plastiques colorés
94 95	**2.** RÉALISATIONS DES ÉLÈVES • Fabriquer la couleur • Réinvestir les acquis : habiller Elmer l'éléphant	30 min 45 min	Groupe classe Travail individuel	Album, palettes, peinture, chiffon, papier Palettes, peinture, chiffon, papier, feutres
96 97 98 99 100	**3.** APPROFONDISSEMENTS S'exercer aux mélanges en ateliers • avec de la peinture seule • avec de la peinture ou de l'encre, et de l'eau • avec de la peinture ou de l'encre, et de la colle • avec des craies, des feutres, des crayons • avec de la poudre	45 min 45 min 45 min 45 min 45 min	Groupes de 6	Papier, peinture ou encre, rouleaux, fruits, pulvérisateurs, bocaux, pailles, fourchettes, baguettes, pastels gras et secs, feutres, crayons de couleur, craies colorées, taille-crayons, pots en verre, sel ou sucre, cuillères
102	**4.** EXPRESSION PERSONNELLE Créer des objets décoratifs	1 h 00	Travail individuel	Craies de couleur, sel, flacons, cuillères, colle, papier
105	**5.** SOLLICITATION DES ÉLÈVES Explorer une couleur	30 min	Groupe classe	Reproductions d'œuvres d'art
106	**6.** RÉALISATIONS DES ÉLÈVES Assembler des objets	1 h 00	Travail par petits groupes	Objets divers en couleurs, corbeille, fixatifs, appareil photo
107	**7.** RÉALISATIONS DES ÉLÈVES Créer des fonds	45 min	Travail individuel	Peinture, végétaux, papier, pinceaux, chiffons, éponges
110	**8.** RÉALISATIONS DES ÉLÈVES Contraster une forme sur un fond	45 min	Travail individuel puis en groupe classe	Papier, ciseaux, feutres, plastiques colorés
112	**9.** LES PROCÉDÉS DES ARTISTES Confrontation d'images	30 min	Groupe classe	Diapositives, posters grand format
115 116	**10.** APPROFONDISSEMENTS Contraster les couleurs • avec l'informatique • en traditionnel	15 min 45 min	Travail individuel Ateliers	Ordinateur, logiciel de dessin Peinture, pochoirs, papier, éponges, pinceaux
117	**11.** EXPRESSION PERSONNELLE Des compositions individuelles complexes	1 h	Travail individuel, par groupes de deux ou trois	Peinture, carton pour pochoirs, papiers de couleur, ciseaux, colle, feutres, papier plastique transparent, craies, boîtes

Pas à Pas en arts plastiques MATERNELLE

Modeler avec de la terre

Remerciements
Je remercie les enseignantes du stage « Terre » pour les réalisations entreprises dans leurs classes, ainsi que Daphné Corregan pour la documentation sur sa démarche.

Séquence « Sensibilité, imagination, création »

Autour d'une opération plastique : modeler

OBJECTIFS VISÉS :

- Expérimenter la plasticité du matériau terre
- Exploiter les ressources expressives du matériau
- Traiter la surface du matériau avec des techniques différentes : empreintes, graphismes
- Colorer la terre
- Approfondir des notions spécifiques au volume : demi-relief ou ronde-bosse
- Découvrir des matières malléables différentes
- Connaître et comparer des démarches d'artistes
- Suivre son propre chemin de création

SOLLICITATION DES ÉLÈVES

DÉCOUVRIR L'ATELIER DU POTIER ET LA TERRE, UN MATÉRIAU POUR S'EXPRIMER

Recenser les connaissances des élèves : connaissent-ils un potier ? Ont-ils déjà vu des poteries ? Lesquelles ? Où ? En quoi sont-elles faites ? À quoi servent-elles ?

Apporter un pain de terre et des outils spécifiques au travail de la terre pour les présenter à la classe.

Si c'est possible, annoncer la visite à l'atelier du potier et la préparer :

● Que va-t-on voir ? (Le potier et sa technique de travail, les outils, les réalisations.)

● Comment garder la trace des observations ? (Prévoir des feuilles de papier pour dessiner, un appareil photographique.)

● Quelles questions va-t-on poser ? (Les noter.)

Répartir les taches en fonction de l'âge des enfants et des possibilités de chacun. Visiter l'atelier en insistant sur les points suivants.

● La **matière** : les pains de terre, leur couleur, le mélange spécifique à chaque artisan (par exemple : une argile nériée, blanche et rouge).

● Les **colorants** : les oxydes (attention : les oxydes sont toxiques et ne peuvent être manipulés par les enfants !), les engobes (terres liquides colorées).

● Les **outils** (à regarder de loin !) : fil à couper pour sectionner le pain d'argile, lames diverses pour couper, gratter et lisser, rouleaux en bois pour rouler les plaques de terre, poinçons pour animer les surfaces, polissoirs pour le lissage, outils détournés ou fabriqués par l'artisan, four à cuisson.

● Les **gestes du potier** en action : la préparation de la terre, le découpage d'une plaque, le battage, le pétrissage, le modelage, l'assemblage de deux volumes simples, la décoration d'une surface (poinçonnages, estampages, ajouts d'éléments...) ou son lissage, etc.

● Les **productions** : bols, pots, pichets... et leur mode de réalisation.

Mise en commun structurée.
La visite donne matière à un reportage, synthèse des recherches de la classe, illustré par les photographies prises par les enfants ou leurs croquis.
Le travail pluridisciplinaire trouve ici tout son sens.

RÉALISATIONS DES ÉLÈVES

UNE EXPÉRIMENTATION DIRIGÉE : **DU BLOC DE TERRE À LA GALETTE**

Opérations plastiques
- Tâter, effleurer, caresser
- Pincer, presser, écraser
- Tordre, aplatir

Ces activités visent à mettre l'enfant au contact d'un matériau inconnu dont il va pouvoir constater la malléabilité et l'éprouver par des opérations plastiques simples.

● Prévoir :
– des chiffons pour essuyer les mains des enfants ;
– une planchette de bois pour protéger la table ;
– un seau pour récupérer les mottes de terre ;
– un vaporisateur pour humidifier.

● Se procurer (par exemple, chez un potier) des pains de terre blanche, jaune ou rouge de 5 ou 10 kg. Conserver toujours la terre dans son emballage en polyéthylène bien fermé ou la recouvrir d'un linge humide.

● Sortir un pain et montrer aux enfants comment il se découpe en tranches épaisses avec un fil métallique ou un couteau de cuisine, que seul l'adulte doit manipuler.
Distribuer à chaque élève une tranche du pain.

Organiser une première découverte sensorielle du matériau. Les enfants ont les yeux fermés ou bandés.
● Ils tâtent, effleurent, caressent un matériau froid.
● Ils pincent, pressent, écrasent un matériau dur mais malléable.
● Ils sentent une matière à l'odeur particulière.
Affiner, enrichir le vocabulaire descriptif.

À l'état brut, la terre est blanche ou grise, jaune, brun clair, rouge, brun foncé.
Après cuisson, elle devient blanche, rouge ou presque noire.

Diriger la confrontation du matériau.
Demander aux enfants de travailler debout devant la table : penser que le pétrissage exige beaucoup d'énergie et que s'il est exécuté entre les deux mains, son effet est décuplé par le poids du torse et des épaules.
Proposer des étapes avec des consignes précises :
● Jeter plusieurs fois le bloc de terre sur la table.
● Presser la masse d'argile avec le talon des deux mains.
● Tordre, compresser l'argile avec une main.
● L'aplatir enfin en galette.
Le matériau est à point lorsqu'il est homogène, ni collant ni trop dur.

UNE EXPÉRIMENTATION DIRIGÉE :
DE LA GALETTE À LA PLAQUE

Opérations plastiques
- Réunir, coller
- Lisser, racler
- Pousser, plisser
- Griffer, creuser

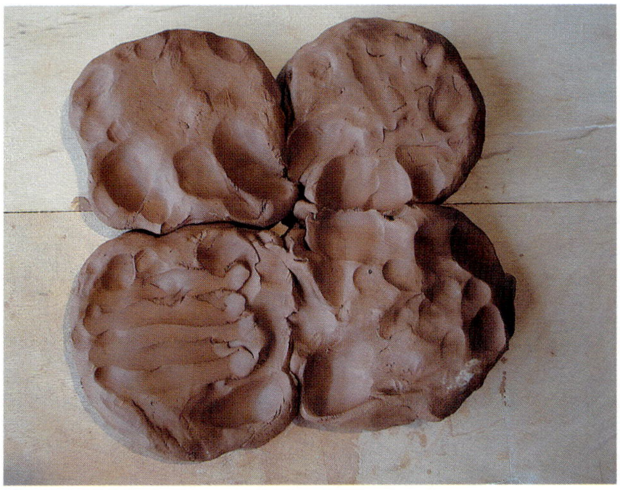

Rassembler quelques galettes sur une grande table.
Les réunir, les souder avec les doigts pour former une plaque.

Égaliser pour que la plaque obtenue soit de la même épaisseur : avec les mains, avec les doigts, avec un liteau en bois.
Affiner le lissage en raclant énergiquement la plaque.
Observer les raclures : la terre plus ou moins plissée produit des formes surprenantes.
Conserver les raclures sous un linge mouillé.

Peaufiner le travail en lissant la surface avec un rouleau.
Travailler debout pour que l'outil soit efficace.
Conserver les plaques sous un chiffon humide ou un plastique à la fin de la séance.

MODELER LA SURFACE DE LA PLAQUE AVEC LES DOIGTS

Opérations plastiques
- Repousser, plisser, pincer
- Creuser, enfoncer, griffer

Sur la grande et épaisse plaque de terre nouvellement constituée, essayer des actions avec les mains et les doigts.

Pousser la terre avec la paume des mains puis avec les doigts.

Pincer le matériau pour soulever des plis.

Creuser avec les doigts des trous, des sillons.

Griffer la surface avec les ongles.

Combiner plusieurs actions sur une même plaque.

MODELER LA SURFACE DE LA PLAQUE AVEC DES OUTILS

Essayer des outils : des cuillères, des fourchettes, des brosses à dents, des spatules, des morceaux de bois ou des outils spécifiques empruntés au potier (éviter ceux qui seraient dangereux).
Constater les effets produits.
À chaque fois, la terre est à nouveau pétrie, roulée et prête à d'autres manipulations !

Le liteau creuse, imprime des sillons, repousse efficacement la terre ou s'enfonce en créant des tunnels et des galeries.

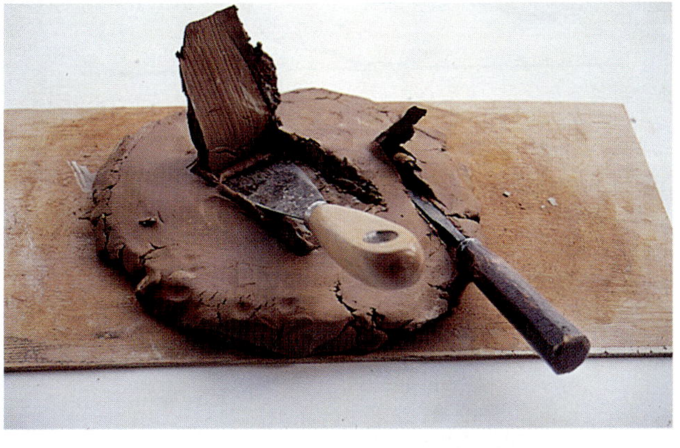

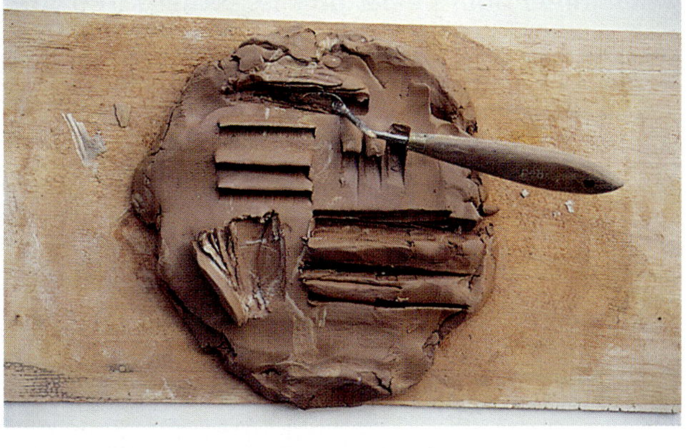

D'autres outils s'avèrent très efficaces pour creuser, agrandir les fondations, puis les lisser sans peine ou, au contraire, plisser des sillons, les faire surgir, les mettre en relief.
Les enfants associent les effets qu'ils produisent à des phénomènes géographiques naturels : creuser le lit de la rivière, une grotte… former une montagne, un volcan…

RASSEMBLER LES AUTRES GALETTES POUR FORMER UNE OU PLUSIEURS PLAQUES : **FAIRE NAÎTRE DES PAYSAGES**

Opérations plastiques
- Ajouter, intégrer, superposer, souder
- Racler, lisser

Composer, par petits groupes, des paysages, des archéologies imaginaires... en jouant avec les outils et en se rappelant leurs effets sur le matériau.

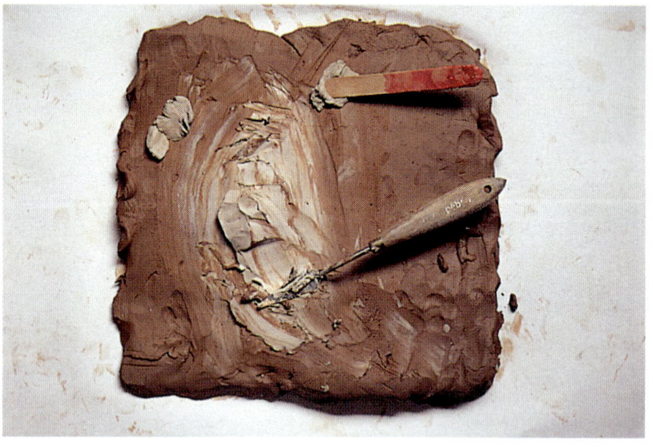

Sur une plaque rouge, ajouter, mêler, intégrer ou superposer, lisser avec les doigts puis avec des outils de la terre blanche pour obtenir des effets de couleurs différents (marbrures ou filets ou formes figuratives).

Racler, avec des spatules, une petite plaque de terre rouge puis blanche.
Déposer les raclures sur une planchette et les humidifier pour ne pas qu'elles sèchent trop vite.

Les coller, les juxtaposer, les souder, les superposer pour former un paysage aquatique.

EXPRESSION PERSONNELLE

COMPOSER DES PAYSAGES

Lisser à nouveau la surface des plaques, les humidifier.
Laisser les élèves, individuellement ou par binômes, réinvestir les acquis dans des créations personnelles.

Travail aux doigts pour évoquer une chaîne de montagnes.

Travail avec la paume des mains et les doigts pour créer les collines et la rivière.

Utilisation de la spatule pour réaliser la mer et les rochers.

Utilisation des doigts, de la fourchette pour dessiner la campagne.

Mise en œuvre de plusieurs outils pour tracer le village : les maisons sont imprimées avec le liteau, les champs labourés à la brosse dure, les collines plissées à la spatule.

Même thème, mais traité par l'ajout de petits blocs, ou bandes de terre, collés à la barbotine.

RÉALISATIONS DES ÉLÈVES

DU BLOC DE TERRE AU VOLUME FIGURATIF : **MODELER DEUX FORMES DE BASE, LA BOULETTE ET LE COLOMBIN**

Opérations plastiques
- Modeler, allonger rouler
- Assembler, souder, lisser

Donner à chaque élève une petite quantité de terre et un chiffon humide pour se mouiller les mains en cours de travail.
Pétrir la terre, la rouler sur la table, la mettre en boule en la faisant tourner dans les deux mains. Former des boules de plusieurs tailles.

Presser les boules sur la table, les rouler dans un mouvement de va-et-vient pour les allonger et former des boudins.
Poser les colombins sur la table, les rouler pour les étirer, les sectionner, obtenir des formes de plus en plus fines.

Faire constituer une série de boulettes et de colombins de tailles variées. Laisser les enfants assembler librement leurs formes de base pour créer d'autres formes plus complexes.
Ménager de courts temps de synthèse (on regarde les trouvailles de chacun) pour relancer ou enrichir la création individuelle.
Souder les éléments d'une forme à la barbotine (de l'argile diluée, de consistance crémeuse).

DU BLOC DE TERRE AU VOLUME FIGURATIF : **MONTER DES COLOMBINS**

Pour les enfants de Grande Section

Rouler une série de colombins très épais.

Les poser l'un sur l'autre et les ajuster (les retailler s'ils sont trop longs) pour élever une sorte de tour. Souder, coller les colombins avec les doigts humides.

Glisser une main dans le creux de la forme (plus les colombins sont épais, plus cette manipulation est facile).
Lisser ses parois avec les doigts humides.

Réinvestir cette technique pour monter des vases, des coupelles, des pots à plusieurs boudins qui resteront de hauteur modeste, comme ce panier.

On peut également partir de la boule ou du colombin pour les évider, les creuser et obtenir plus facilement des pots de petite taille.

RÉALISATIONS DES ÉLÈVES

DU BLOC DE TERRE AU VOLUME FIGURATIF : **MONTER DES PERSONNAGES**

À partir de la boule et du colombin, demander aux enfants de travailler le volume figuratif et de se confronter aux problématiques d'équilibre.

Pour les plus jeunes

Pétrir et chauffer la terre : modelage libre, en petits groupes, de personnages. Exploiter les trouvailles de chacun et permettre plusieurs essais. Pour permettre la réussite de l'activité par tous les élèves, partir d'une grosse boule pour le corps et d'une plus petite pour la tête, puis assembler les deux boules en les soudant avec les doigts bien mouillés. Figurer les yeux, le nez et la bouche avec une pique en bois. Former les bras en pinçant les côtés du corps.

Pour les moyens

Organiser une séance d'essais afin que les enfants trouvent des astuces pour dresser leur personnage.

- Bâtir un gros cylindre avec les doigts, pincer le cylindre, provoquer un étranglement pour le cou et former la tête.
- Rouler deux colombins pour les bras et les souder.
- Pincer la terre pour plisser des cheveux.
- La trouer pour creuser les yeux, la bouche et le nez.

Pour les plus grands

- Fabriquer un gros cylindre et une petite boule, les souder, les lisser.
- Rouler des colombins épais pour les bras et les pieds, les souder, équilibrer le personnage pour qu'il tienne debout.
- Coller des colombins ou des boules fins pour les cheveux, les yeux et la bouche.

Décorer l'argile encore fraîche en la piquant ou en la striant avec la pique en bois.

EXPRESSION PERSONNELLE

VOLUMES EN RONDE-BOSSE

Permettre aux élèves de manipuler librement un gros pain de terre, de retrouver le plaisir sensuel du contact avec le matériau, de répéter certaines opérations (pincer, rouler, étirer...) pour mieux se les approprier, de voir naître sous leurs doigts des formes à peaufiner ou à effacer.

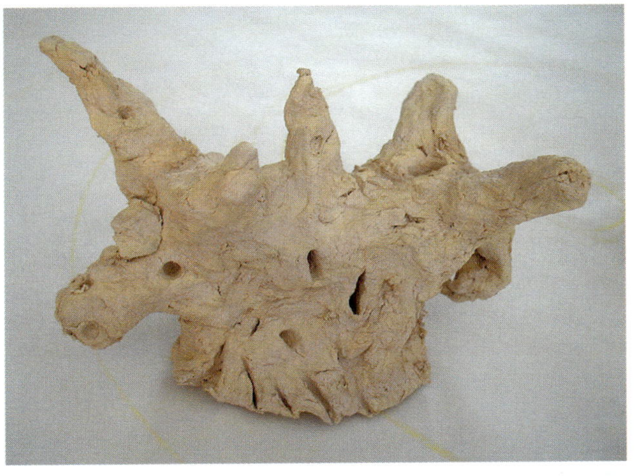

Les élèves modèlent des animaux fantastiques, un thème qui leur permet de ne pas se préoccuper d'être fidèles à la réalité. Ils travaillent à partir d'un bloc de terre pétri longuement et humidifié pour que leurs doigts rencontrent peu de résistance.

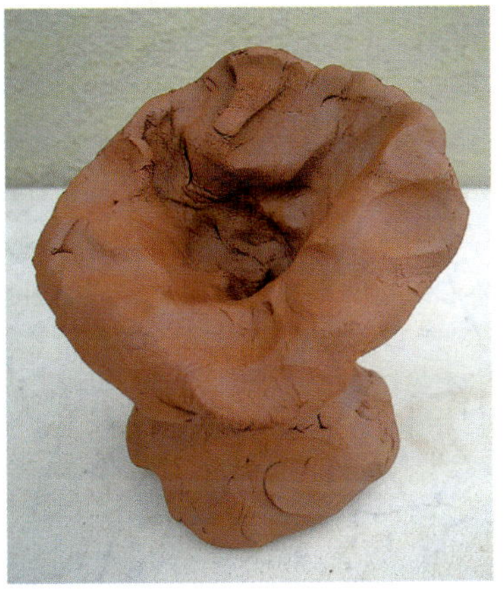

Ils créent également des formes végétales, des fleurs ou des champignons, en partant de boules et de colombins et en les assemblant.

Les élèves de Grande Section mettent en valeur leurs sculptures sur des socles et devant un fond noir, avant de les photographier sous plusieurs angles.

PANNEAU COLLECTIF EN BAS-RELIEF

Proposer d'illustrer un thème à l'étude : par exemple, la mer ou les saisons.
Montrer des images très différentes (photographies, illustrations de livres) pour nourrir la création individuelle.
Faire dessiner les enfants avant de passer à la réalisation en demi-relief.

Proposer de partir individuellement sur un carreau de terre.

- Chaque enfant prépare une galette de terre. Les galettes sont retaillées au même format.
- Les carreaux de terre sont colorés puis conservés sous un linge humide.
- Les éléments sont modelés dans de la terre blanche ou rouge.
- Ils sont disposés, agencés sur le carreau frais, puis soudés à la barbotine.
- Les carreaux sont cuits dans le four du potier ou séchés à l'air libre.
- Ils sont juxtaposés puis collés au mur ou sur une plaque de bois avec un ciment-colle.

Travailler par petits groupes.

- Chaque groupe (de 4 ou 6 enfants) se détermine pour un thème et traite un volet différent.
- Il choisit la couleur de fond du carreau (terre blanche, rouge ou colorée par un engobe) et les couleurs des motifs.
- Les carreaux sont rassemblés.

Le travail de chaque groupe se différencie par la variété des sujets mais aussi par le contraste des couleurs.

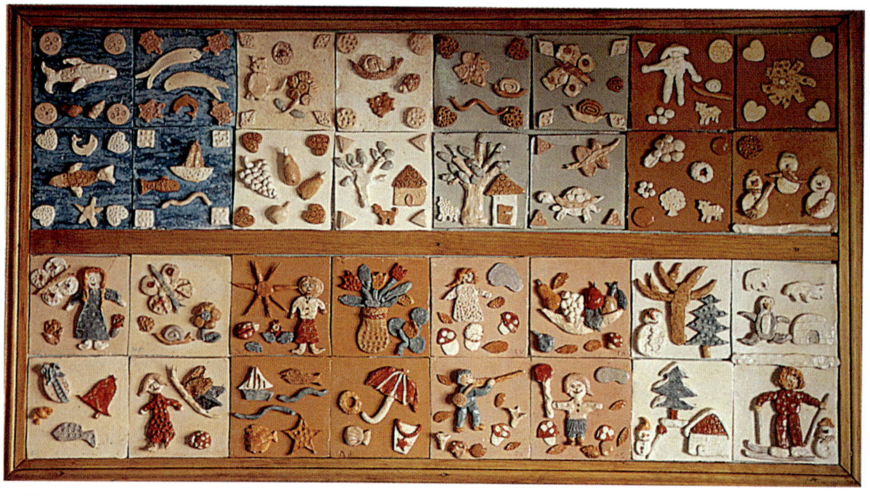

Les travaux de tous les ateliers sont réunis sur un panneau mural qui peut décorer la salle d'accueil de l'école, par exemple.

LES PROCÉDÉS DES ARTISTES

C'est le moment d'aller voir comment les artistes animent la surface de leurs œuvres en terre.

DAPHNÉ CORREGAN (NÉE EN 1954 À PITTSBURGH)

Daphné Corregan suit une scolarité américaine avec une option « dessin » puis « céramique ». Elle ne s'enferme pas dans le champ contraignant de la céramique, mais s'ouvre sur des influences extérieures multiples. Elle s'installe dans le sud de la France puis à Monaco où elle enseigne, depuis 1989, le volume et la céramique à l'école supérieure d'Arts plastiques.
Le travail de Daphné Corregan est novateur et unique en France. Explorant matériaux et techniques diverses, dépassant les moyens classiques de la céramique, sa démarche est celle d'un sculpteur du xxe siècle (recherche d'un équilibre du volume, choix d'une technique de montage, association de matériaux divers), mais aussi d'un peintre car elle traite l'épiderme de sa pièce comme une toile. Elle intervient beaucoup sur les surfaces, dessinant, gravant, perforant puis colorant au pinceau pour déterminer l'écriture finale.

Dans une production qui pourrait sembler hétéroclite, des constantes se dégagent nettement.

- La cuisson au raku : l'artiste aime jouer avec cette technique qui lui permet des oppositions de matières et l'obtention d'une texture vivante, un véritable épiderme.
- La présence d'un graphisme : les sculptures sont décorées en totalité ou en partie par un graphisme ou un relief répétitif.
- La couleur noire : de nombreuses pièces luisent d'un beau noir sourd, résultat de la cuisson au raku ou par enfumage. Le noir, couleur préférée de l'artiste, réminiscence de l'univers industriel de son enfance où elle a puisé un alphabet de formes puissantes et de couleurs sombres.

Le raku, méthode de cuisson souvent adoptée par l'artiste, n'a rien de statique (le terme, japonais, signifie : « le bonheur dans le hasard ») et Daphné en explore toutes les possibilités.
La pièce est cuite rapidement, à basse température, défournée et placée dans un récipient rempli de sciure qui s'enflamme alors en dégageant beaucoup de fumée. Puis l'artiste laisse la pièce refroidir.

Les premières pièces de l'artiste sont des pichets, des « contenants » agrandis, déformés, gigantesques, qui n'ont aucune fonctionnalité. Pas d'ambiguïté chez Corregan : elle ne sera jamais une potière et ne fabriquera pas d'objets purement utilitaires. Bientôt, elle va jucher les pots sur des tables, les poser au mur sur des étagères, « comme un tableau », les monter sur des socles de terre.
Les pichets deviennent anthropomorphes et, après un voyage-étude en Afrique, primitifs, totémiques.

PICHET, RAKU, HAUTEUR 110 CM.

Très marquée par la situation dramatique de l'Afrique et de l'ex-Yougoslavie, Daphné Corregan se sent submergée d'impuissance et de culpabilité. Elle passe alors à la figuration. Ses sculptures restent donc de taille modeste, elles tiennent aisément dans les mains. Conviviales, elles font encore partie des objets qui nous entourent. Comme des anses, leurs bras fins se croisent sur l'abdomen ou s'élancent au-dessus d'une tête minuscule matérialisée par quelques piques en fer ou un petit modelage en terre.
Mais les bras deviennent des armes ; les figurines, des victimes qui ont subi des blessures. Leurs corps sont marqués de cicatrices, troués d'éclats de porcelaine cassée, comme si l'artiste avait voulu matérialiser l'impact des balles. Le graphisme perd sa fonction décorative pour devenir terriblement évocatoire.

ENFANTS NOIRS, 1994, HAUTEUR 72 ET 62 CM.
COLLECTION PERSONNELLE DE L'ARTISTE.

PABLO PICASSO (1881-1973)

Après la guerre, en 1946, Picasso s'enthousiasme à Vallauris des possibilités d'expression de la céramique. Il crée, en collaboration avec les potiers locaux, près de deux mille céramiques, puis il installe son atelier pour expérimenter des techniques nouvelles.

Sans passer par un dessin préalable, il modèle le pot après l'avoir tourné, puis détourne la forme originelle : le pot devient un animal ou un personnage.
Il décore la surface de graphismes peints ou dessinés en grattant et incisant la couche colorée.

Vase à la chouette, 1951.
Vase à deux anses, éléments montés au tour et rassemblés, décor incisé et glaçure. 57 x 47 x 38 cm, Musée Picasso, Paris.

JEAN-LUC ET TITI PARANT

Jean-Luc Parant (né en 1944) travaille actuellement à Rieuchaud, près d'Avignon.
L'artiste fabrique inlassablement des centaines de boules qui varient selon des classes de tailles, de poids, de matières, de texture et de couleurs. Certaines ont une identité marquée, elles sont mâles ou femelles, d'autres ébauchent la forme d'un corps humain et s'unissent en couples. Leur surface est parfois gravée, piquetée, incisée, imprimée. Elles sont accumulées en éboulements lors d'installations intérieures ou extérieures.

Le petit royaume du Bout des Bordes, 1984.
4 caisses de boules en terre cuite et 1 caisse de couples en terre cuite de Titi Parant.
Collection Les Abattoirs, Toulouse.

APPROFONDISSEMENTS

ANIMER UNE SURFACE

Opérations plastiques
- Piquer, trouer, inciser
- Imprimer

Travail d'ateliers

Travailler sur une plaque de terre et y inscrire les traces d'un outil.

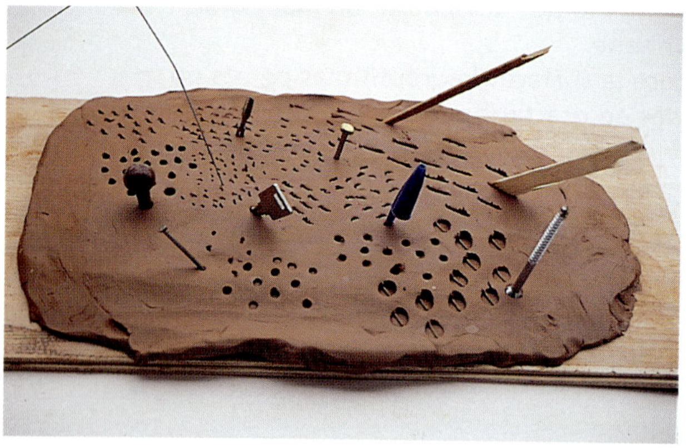

Explorer les nombreux graphismes provoqués par le piquage de plusieurs outils : pointes de tailles variées, capuchon de stylo, plumes à écrire, tiges de bois ou de fer…

Rechercher d'autres effets en incisant la terre plus ou moins profondément avec des « couteaux » différents : des languettes de bois, des calames, des tiges…

Imprimer des motifs.

Collecter de menus objets qui vont servir de tampons à enfoncer dans la terre : des capsules de bouteilles, des bijoux, des capuchons de stylo, de petits jouets ; mais aussi des végétaux : fruits secs, légumes, fleurs…
Varier la pression.
Essayer d'imprimer plusieurs faces d'un même tampon (les côtés, les extrémités…).

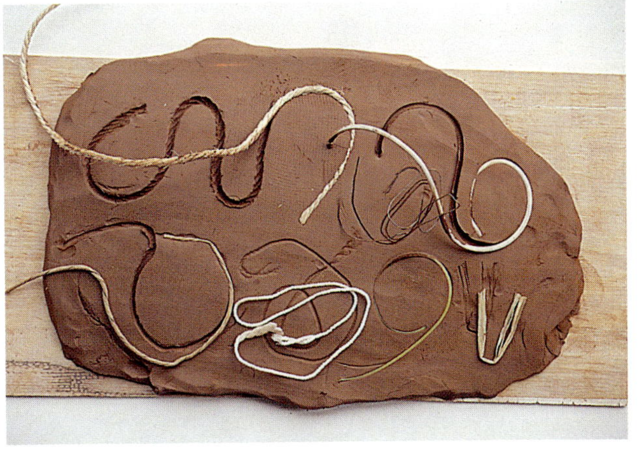

Enfoncer, avec les doigts, des ficelles de toutes natures : des cordes épaisses, des liens rigides en plastique, du fil de fer, du raphia mou, de l'élastique…
Passer le rouleau pour effacer les traces de doigt et amplifier l'inclusion dans la plaque.
Soulever délicatement les ficelles par un bout et tirer.

Se procurer des trames toutes prêtes.

- Des filets : filets à mailles serrées, comme les filets pour agrumes, ou à mailles plus grossières, comme ceux qui conditionnent les pommes de terre.
- Des grillages : souples et fin, rigides et épais.

Placer les trames sur la plaque, les enfoncer au rouleau.

Récupérer des dentelles, des bouts de rideaux, des morceaux de coton, des fragments de nappes ou de napperons en papier.
Imprimer.

Constater les effets (des empreintes nettes ou peu lisibles, prévisibles ou surprenantes) et analyser les causes (éléments trop fins comme la dentelle en papier, trop mous comme le raphia, trop fragiles comme certaines fleurs).

COLORER LA TERRE

Opérations plastiques
- Étaler la couleur, asperger, projeter, faire gicler

Le matériau est frais

Les engobes, ou argiles liquides, sont des argiles réduites en poudre et colorées artificiellement. On peut les acheter toutes prêtes ou les fabriquer en se contentant de la gamme réduite des terres. Diluer de l'argile rouge ou blanche pour obtenir un mélange crémeux à conserver dans un pot bouché. Les engobes s'appliquent sur l'argile brute humide.

Cette sorte de barbotine très fluide ne sert pas à souder mais à colorer. Elle s'applique sur la terre au pinceau : on peut peindre des motifs simples ou travailler avec ses doigts pour provoquer des effets de spirales ou de marbrures.

Découvrir ou retrouver des techniques de projection.

Tremper le pinceau, l'égoutter sur la plaque ou l'objet.

Transvaser la couleur dans un flacon avec un embout, la verser pour créer un lacis informel.

Opérations plastiques
- Recouvrir, gratter
- Huiler, cirer
- Frotter, lustrer

Le matériau est sec

- Recouvrir la totalité ou des bandes de la surface en terre par de la barbotine de couleur : ici, barbotine blanche sur terre rouge, et vice-versa.
- Laisser sécher.
- Gratter la couche colorée avec un outil pointu pour laisser apparaître la couleur du fond.

- Peindre avec de la gouache épaisse pour nourrir la porosité de la terre : ici, la gouache a été utilisée sur la partie gauche du carreau de terre ; la couleur, au séchage, est absorbée et perd son éclat.
- Préférer la peinture acrylique au pouvoir couvrant remarquable, qui donne une finition brillante comme un vernis.

- Conserver la couleur naturelle de la terre en lui donnant de la brillance et en protégeant le matériau : la huiler, la cirer avec une teinte incolore puis la lustrer au chiffon.
- La modifier en lui donnant un aspect patiné de vieux cuir : passer du cirage brun, laisser sécher, faire briller.

Essayer d'autres effets avec des cirages de couleur (noir, bleu, rouge), en pâte ou liquides : des marbrures en tamponnant la couleur sur la terre blanche, l'apparence du fer avec le cirage noir.

EXPRESSION PERSONNELLE

CLAUSTRA

Distribuer à chaque enfant une tranche d'un pain de terre.
L'étaler au rouleau pour obtenir une plaque.
Découper dans du carton un carré qui servira de pochoir pour retailler toutes les plaques au même format.
Trouer les plaques aux quatre coins pour prévoir leur assemblage.

Laisser les enfants animer librement la surface en réinvestissant les techniques apprises.

En imprimant des végétaux pour des compositions figuratives ou des ficelles pour des graphismes abstraits.

En incisant des formes et en ôtant de la matière.

En taillant des motifs figuratifs ou des lettres.

EXPRESSION PERSONNELLE

En combinant plusieurs techniques :
imprimer et tailler.

En ajoutant de la matière :
ici, des colombins de terre collés à la barbotine.

Laisser sécher les réalisations individuelles plusieurs semaines à l'air libre, dans un endroit ventilé.
Placer des bouts de bois (des brindilles, des allumettes…) dans les trous des plaques pour éviter qu'ils ne se bouchent.

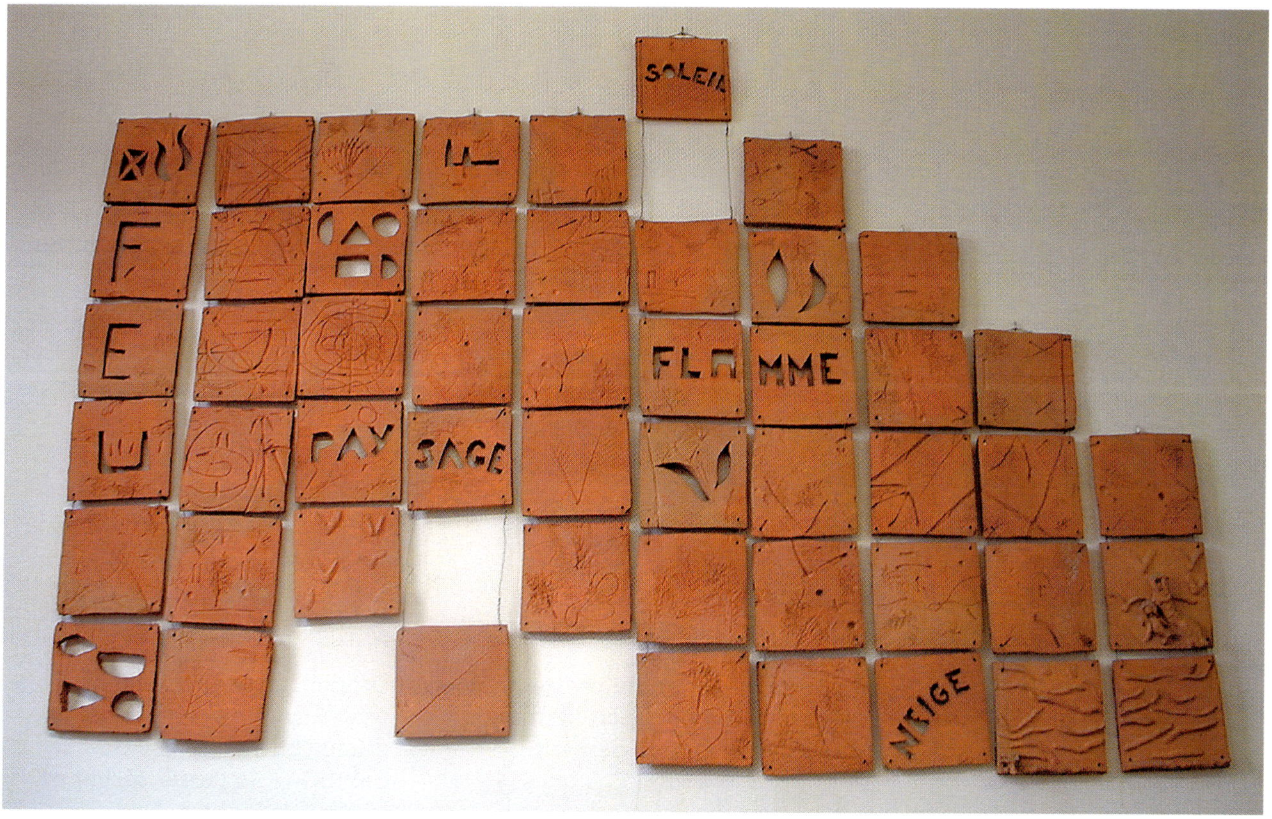

Réunir les plaques au sol.
Agencer les fragments pour parvenir, après plusieurs essais, à une composition collective qui convienne à tous les enfants.
Assembler, enfin, les plaques en passant du fil de fer ou de la corde dans les trous.
Suspendre le claustra.

FABRIQUER UN OBJET QUI SERA OFFERT À LA FÊTE DES MÈRES

Distribuer à chaque élève un bloc de terre de la couleur de son choix et le laisser manipuler librement le matériau pour créer un objet (cendrier, coupelle, pot, pique-fleur, presse-papier…).
Demander à chaque enfant d'opter pour une technique de décoration : à cru ou à sec.
Les objets qui seront ornés à cru doivent l'être immédiatement après avoir été façonnés, ou bien être conservés sous un linge humide pour une prochaine séance.
Les autres objets seront mis à sécher ou à cuire.
On peut également décorer à sec les réalisations précédentes.

Choisir des outils pour inciser, piqueter, griffer la surface encore molle du matériau.

Enrouler une ficelle autour du bougeoir ou imprimer un filet sur le panier exige une certaine habileté, car les objets sont encore mous.

Recouvrir la boule presse-papiers d'un colombin aplati demande également de la dextérité.

On peut, plus simplement, recouvrir le haut de la boule d'une couche épaisse de barbotine, la laisser sécher et gratter des motifs.

EXPRESSION PERSONNELLE

Partir d'une plaque épaisse, relever et pincer les bords pour former une sorte de cendrier. Asperger de barbotine en couleur.

Imprimer la plaque avec des pochoirs découpés dans de l'éponge et trempés dans de la barbotine. Trouer le carreau pour l'accrocher au mur.

Inciser la plaque, la rouler pour obtenir un objet décoratif à multiples fonctions (presse-papiers, décor de table…). Penser à trouer l'objet pour enfiler une ficelle qui, elle aussi, aura de multiples usages (y fixer un carton avec le nom d'un invité, un menu…)

Arrondir une galette, pincer ses bords pour créer une assiette, prévoir un trou pour la suspension. Tracer à cru, avec un objet pointu, les éléments décoratifs. Laisser sécher, puis peindre certains motifs à la barbotine.

Découper, dans la plaque des médaillons, des sujets à suspendre ou à porter au cou.

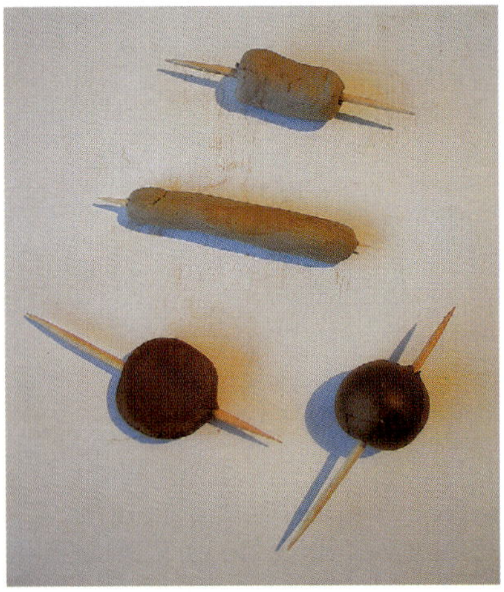

Rouler des boules ou des colombins, les trouer, les décorer à cru, à sec, ou les deux, pour obtenir des perles ; enfiler au maximum trois perles sur un cordon pour éviter que le collier ne soit trop lourd et fragile.

Peindre puis vernir les objets bien secs.

Ou dessiner, avec un pinceau chargé de barbotine, des motifs graphiques.

Cirer les objets en terre rouge avec du cirage marron, les lustrer avec un chiffon pour leur donner de la patine, l'aspect du cuir.

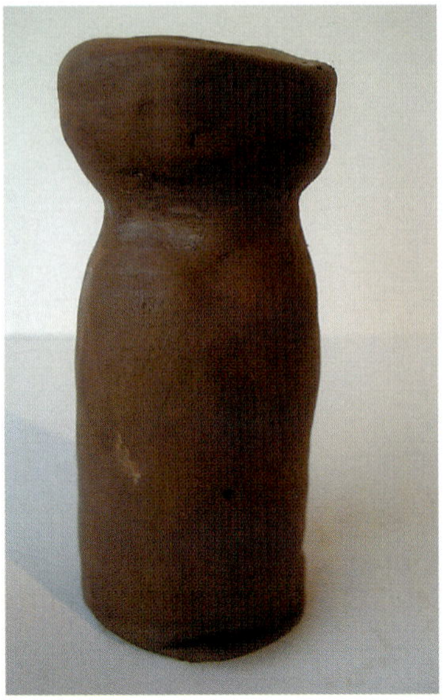

Tamponner la terre blanche avec un coton imbibé de cirage liquide en couleur. Laisser sécher puis lustrer pour un effet de marbrure

INTERDISCIPLINARITÉ

QUELQUES IDÉES D'ACTIVITÉS INTERDISCIPLINAIRES AUTOUR DU THÈME DE LA TERRE : UNE OU PLUSIEURS PISTES À CHOISIR JUDICIEUSEMENT

Maîtrise du langage

VOCABULAIRE

- Reconnaître et nommer les matériaux et les outils spécifiques au travail de la terre
- Caractériser la couleur du matériau par un adjectif qualificatif : *blanche/rouge, claire/foncée, vive/terne, pure/mélangée, mate/brillante…*
- Utiliser le lexique spécifique aux arts plastiques (savoir dire les opérations plastiques pratiquées)

POÉSIE

- Dire des poésies sur le thème de la terre et du modelage, en inventer

Découvrir le monde

DÉCOUVERTE SENSORIELLE DES MATIÈRES MALLÉABLES

- Explorer les qualités tactiles et les caractéristiques visuelles de ces matières (couleurs, intensités, oppositions…)
- Les reconnaître, les décrire, les comparer
- Découvrir leurs qualités sonores

EXPLORATION DU MONDE DE LA MATIÈRE

- Découvrir les propriétés de matières usuelles : la terre, le sable, la pierre, le bois, le papier, le carton ; par exemple : rigidité/plasticité/fluidité, pouvoir d'absorption…

REPÉRAGE DANS L'ESPACE

- Construire l'image orientée de son corps : améliorer le schéma corporel
- Représenter des volumes et leurs positions

Agir et s'exprimer avec son corps

- Prendre conscience de la posture du corps
- Adopter des postures différentes

Sensibilité, imagination, création

- Écouter puis reconnaître les sons produits sur différents matériaux par un même outil : une spatule qui racle, une mailloche qui frappe une plaque d'argile, de bois, de carton…
- Comparer les sons produits par le même matériau en variant :
  - sa forme (le son d'une boule, d'une plaque, d'un colombin, d'une cloche)
  - sa texture (l'argile est crue, séchée à l'air ou cuite au four)
  - sa surface (l'argile est lissée ou striée)
  - sa taille (l'instrument est petit ou grand)

Gros plan sur le monde de la matière

DÉCOUVRIR LES PROPRIÉTÉS DES TERRES

Se procurer différentes sortes de terre : de la terre récoltée dans un potager, du terreau, de l'argile en poudre, du sable.

● Les présenter sur une table.

● Observer la composition, la couleur : la terre du potager est plus ou moins brune, elle est mélangée à des graviers, à des cailloux, à des brindilles, à des feuilles ; le terreau est plus noir, plus homogène ; le sable est clair.

● Toucher les terres avec les doigts.
Apprécier leurs caractéristiques : la terre du potager est friable, douce mais lourde ; le terreau est sec, doux et léger ; l'argile en poudre et le sable sont granuleux.

Tamiser les matériaux avec des passoires pour les affiner, les débarrasser de leurs impuretés.

● Les verser dans des pots, les étiqueter.

● Les mouiller avec un arrosoir : décrire leur nouvel aspect, les modifications de la couleur.

● Mélanger l'eau et les terres avec une cuillère ou une spatule.
Constater les effets :
– la terre du potager se malaxe sans peine et devient de la boue ;
– le terreau se délite ;
– l'argile en poudre se transforme en pâte ;
– le sable se dépose au fond du pot.

● Laisser évaporer l'eau.

● Démouler le matériau sec.
Constater les résultats :
– la terre de potager a pris la forme d'une motte ;
– l'argile est moulée et durcie ;
– le terreau est trop friable ;
– le sable coule.

Semer des graines (soja, haricots) dans les pots :
– avec le matériau sec ;
– avec le matériau mouillé.
Observer les progrès de la germination.

Gros plan sur la voix et l'écoute

MOBILES SONORES

Fabriquer des objets en terre : boules, rouleaux, plaquettes, cloches. Prévoir un trou pour la suspension, faire cuire les plus réussis.

● Pour les clochettes, rajouter sur leur sommet et fixer à la barbotine un petit bloc de terre percé horizontalement pour pouvoir les tenir. Rajouter également un peu de terre à l'intérieur de la clochette pour y suspendre un battant. Plus il y a de matière, plus le diamètre est important, plus le son de la cloche est grave.

● Pour les plaques, varier :
– leur surface : la lisser, la poncer ou la strier pour faire glisser une mailloche sur les sillons ;
– leur longueur : fabriquer une succession de lames de même épaisseur et de plus en plus longues pour écouter des sons de plus en plus graves ;
– leur épaisseur : construire des lames de même longueur et de plus en plus épaisses pour obtenir des sons de plus en plus aigus.

Suspendre les objets par des fils à une baguette de bois.

● Tester leur sonorité en les frappant avec des outils en fer, en bois, en matière plastique, avec des mailloches.

● Constater les résultats :
– les pièces séchées à l'air ne produisent pas de son ;
– certaines pièces cuites ont un joli son, d'autres toujours pas.

● Éliminer les objets muets.

● Enrichir le répertoire des instruments par d'autres objets sonores : perles en bois ou en verre, bambous, cuillères, couvercles en métal, coquillages, grelots et clochettes…

● Expérimenter des techniques de suspension :
– les objets en terre ont des trous, il suffit d'y enfiler des ficelles ;
– pour les autres objets, il faut trouver des procédés différents (leur coller une bande adhésive puissante qui tiendra une ficelle ou un anneau, les percer…).

● Équilibrer les éléments du mobile sur la baguette par tâtonnement :
– accrocher un objet par le fil sur la baguette ; constater qu'elle bascule sous le poids de l'élément ;
– suspendre un deuxième objet ; déplacer son fil sur la baguette pour l'équilibrer.

● Lorsque le mobile est en équilibre, renforcer les fixatifs pour que les enfants puissent le faire jouer.

Documentation pour l'enseignant

FICHE

La pâte, matière première du modelage

Le modelage à l'école maternelle est indispensable à l'enfant. De nombreuses matières autres que l'argile se laissent pétrir et modeler.

LA PÂTE À PAIN

Dans le monde entier, depuis l'Antiquité, la pâte à pain, essentielle et vitale, se prête, par sa plasticité, à des formes inventives et fait partie des fêtes, des réjouissances traditionnelles.
On offre des pains façonnés aux divinités mais aussi aux invités, soit pour les honorer (à Rome, on offrait un pain en forme de lyre à un poète), soit à l'occasion d'événements importants (des pains de mariage en anneaux doubles). Plus tard, le pain sert de pâte à modeler pour fabriquer des objets de la vie courante ; ce matériau du pauvre permet de fabriquer à peu de frais des poupées, des santons, des décors de crèche.
Il est intéressant de redécouvrir avec les enfants les différents types de pains offerts pour les fêtes dans les régions françaises ou, plus largement, dans le monde : des pains en forme de bonshommes en Alsace et en Lorraine pour la Saint-Nicolas, en forme de navettes à Marseille et en Provence à la Saint-Victor, des pains avec des yeux en Italie à la Sainte-Lucie...

La pâte à pain ou à gâteau, peu onéreuse, est idéale pour la confection de petits sujets que les enfants peuvent déguster une fois cuits ! On peut tout simplement la commander et aller la chercher toute prête chez le boulanger, mais il est plus pédagogique de la faire fabriquer par les enfants et d'exploiter la recette pour alimenter de multiples activités, notamment dans le domaine de la maîtrise de la langue : nommer les ingrédients, retrouver la chronologie de la recette, la dessiner et, pour les plus grands, l'écrire.

Ingrédients

- 1 kg de farine de blé
- 50 g de levure de bière
- 1 cuillerée à café de sel fin
- 3 verres d'eau tiède
- 1 cuillerée à café de sucre en poudre

Recette

Préparer la levure dans un bol : la verser avec le sucre et diluer le tout avec deux cuillerées à soupe d'eau tiède. La laisser reposer et gonfler au chaud 5 min dans un four tiède.

- Dans un grand récipient, verser la farine, le sel, la levure, mélanger délicatement, ajouter l'eau au fur et à mesure qu'elle est absorbée par la farine. Travailler du bout des doigts pour obtenir une pâte souple.
- Former une boule et pétrir la pâte.
- Laisser gonfler la pâte recouverte d'un torchon, à l'abri des courants d'air et dans un endroit tiède : elle va doubler ou tripler de volume.
- La pâte levée se modèle facilement. Déposer les sujets sur la plaque froide du four recouverte d'une feuille d'aluminium ménager enduite d'huile. Bien espacer les sujets car ils vont encore gonfler. Les faire cuire à thermostat moyen (4/5) jusqu'à ce qu'ils soient bien dorés.
- Pour colorer localement la pâte ou dessiner des détails, peindre en fin de cuisson avec du jaune d'œuf ou du café ou du chocolat en poudre mélangé à du sirop de sucre.
- Les sujets cuits sont prêts à être consommés ou peuvent se garder très longtemps à l'abri de l'humidité.

FICHE

La pâte, matière première du modelage

LA PÂTE À SEL

La pâte à sel, moins éphémère que la pâte à pain, ne se consomme pas. Il faudra attendre que le sel ne soit plus une matière coûteuse (la gabelle sera supprimée en 1790) pour que cette pâte trouve sa place d'honneur dans l'art populaire. La pâte à sel est la vedette de l'école maternelle car elle peut se fabriquer en grandes quantités, se conserver dans des récipients hermétiques, se teinter à l'avance par quelques gouttes de gouache ou d'encre et se cuire dans le four de la cantine (thermostat 8). Les réalisations sont durables si on les conserve à l'abri de l'humidité.

Ingrédients

- 1 kg de farine
- 750 ml d'eau
- 500 g de sel fin
- Pour une pâte souple : ajouter 2 cuillerées à soupe de colle à tapisserie.
- Pour une pâte ferme : doubler la dose de sel.
- Pour une pâte fine : ajouter 100 g de fécule de pomme de terre.

La pâte à modeler courante est commode pour de petits travaux, mais elle rebute au départ par sa fermeté et devient vite trop molle au fur et à mesure qu'elle s'échauffe. Des versions plus élaborées, qui durcissent à l'air, adhèrent facilement à une armature et permettent des créations plus intéressantes.

D'autres pâtes sont à explorer pour la réalisation de travaux de petite taille : la cire à modeler, la pâte à bois, le mastic de vitrier, mais aussi des pâtes comestibles mises en couleurs avec des colorants alimentaires, séchées à l'air puis dégustées : la pâte à sucre **(350g de sucre, un blanc d'œuf)**, la pâte de riz (très utilisée en Asie pour des décors éphémères, cette pâte est préparée avec du riz bien cuit que l'on mélange à de la fécule de maïs jusqu'à ce que la préparation ne colle plus aux doigts, on peut ensuite la sucrer et la parfumer) et la pâte à base de mie de pain.

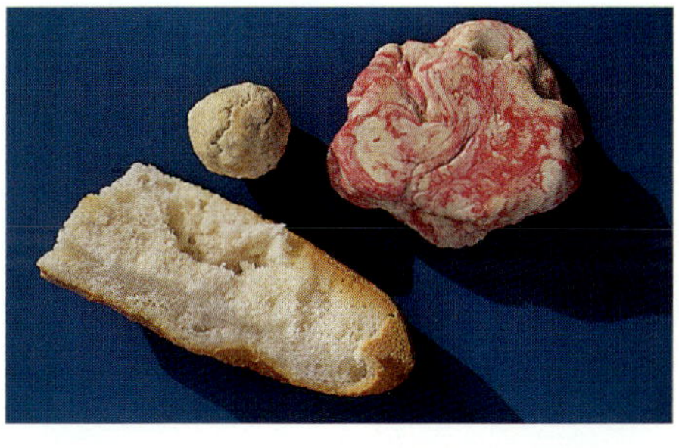

Malaxer et pétrir longuement de la mie de pain pour obtenir une pâte et fabriquer de petits sujets. En séchant, la pâte deviendra dure, blanche comme de la porcelaine mais cassante. On peut aussi la colorer avant de la modeler.

La pâte, matière première du modelage

LA PÂTE À PAPIER

Facile à fabriquer, la pâte à papier se prête à toutes les utilisations. Elle s'affine si on y ajoute de l'argile finement broyée. Elle se travaille comme une pâte à modeler ou comme de l'argile, mais peut aussi recouvrir des objets existants d'une taille importante : bouteilles en verre ou en matière plastique, boîtes en carton, structures en fil de fer ou en grillage.
Les volumes obtenus seront de préférence poncés, enduits d'une couche de peinture blanche, décorés au feutre ou à la peinture, puis vernis pour que les couleurs gardent leur éclat.

Techniques de préparation.

À faire avec les enfants.

- Préparer dans un seau de la colle à papier peint.
- Prendre une page de journal. La tremper dans la colle.
- La poser en bandes ou en boule sur une ossature de départ.

Des bandes de papier sont trempées dans une bassine de colle, puis déposées sur le support grillagé.

À faire par l'adulte.

- Déchirer en petits morceaux du papier journal.
- Le tremper dans un seau d'eau très chaude, ajouter de l'eau de javel pour le décolorer.
- L'essorer.
- Y adjoindre de la colle à papier-peint, malaxer le tout pour obtenir une pâte collante.

Le papier sec est peint d'une couche d'acrylique blanche.

Le lion est ensuite peint au rouleau. Des éléments en papier ou en tissu comme la crinière, les yeux ou le nez sont fixés en dernier lieu.

Bibliographie

AUTOUR DE LA PÉDAGOGIE DES ARTS VISUELS

Daniel Lagoutte, *Enseigner les arts visuels*, Hachette Éducation, coll. « Pédagogie pratique à l'école », 2002.

Daniel Lagoutte, *Les Arts plastiques, contenus, enjeux et finalités*, Armand Colin, 1990.

Daniel Lagoutte, *Art et savoirs en maternelle, Écrire et communiquer*, Magnard, 2003, t. II.

Claude Reyt, *Les Arts plastiques à l'école*, Arman Colin, 1998.

L'Éducation artistique à l'école, MEN/direction des Écoles/CNDP/Savoir-Livre, diffusion Hachette Éducation, 1993.

Catherine Le Cunff, Claudine Desmoulières, France Guillevic, *Créer, parler, comprendre. Projets en arts plastiques et oral intégré au cycle 2*, Hachette Éducation, coll. « Pédagogie pratique à l'école », 2002.

Marie-José Pillet, *L'Atelier des cinq sens*, Dessain et Tolra, 1993.

Les Arts plastiques à l'école, découverte et expression, cycles 1 et 2, Bordas, Coll. « R. Tavernier », 1993.

L'École avant 6 ans, Bordas, Coll. « R. Tavernier », 1985.

Yvette Jenger-Dufayet (sous la dir. de), *Des chemins pour l'art. Pratiquer les arts plastiques à la maternelle*, Nathan, 1999.

Michel de La Cruz, *Les Arts plastiques à l'école maternelle, cycle 1*, Retz, coll. « Pédagogie pratique », 2003.

AUTOUR DES ŒUVRES PRÉSENTÉES AUX ENFANTS

Nadine Gomez, Jean-François Lyotard, *Jean-Luc Parant, catalogue d'exposition*, RMN, coll. « Reconnaître », 2001.

Musée d'Art Moderne de la Ville de Paris, Musée des Enfants, *Parant & Co : Cent mille et une boules*, Paris-Musée/Le Castor Astral, coll. « Le mot et la forme », 1985.

Daphné Corregan, *À distance d'objet*, Côté du livre, Aix-en-Provence, 2003.

AUTOUR DU THÈME DE LA TERRE

Dominique de La porte des Vaux, *Terre : modelage*, Dessain et Tolra, coll. « Premiers pas », 1994.

Brigitte Casagranda, *Pâte à sel*, Dessain et Tolra, coll. « Premiers pas », 2003.

Brigitte Casagranda, *Pâte à modeler*, Dessain et Tolra, coll. « Premiers pas », 2002.

Isolde Kiskalt, *La Pâte à sel*, Dessain et Tolra, 1999.

Catherine Baillaud, *Histoires et secrets de pâte à sel*, Fleurus, coll. « Savoir créer », 1991.

Philippe Clérin, *La Sculpture en terre*, Dessain et Tolra, 1998.

Colette Bernadac, Dominique Astori, *Mains et merveilles. 100 techniques pour créer*, Magnard, 2002.

Terres, Centre Georges-Pompidou/Dessain et Tolra, coll. « Atelier des enfants », 1982.

SITE INTERNET

Le site officiel de la ville de Vallauris-Golfe-Juan (Picasso) :
http://www.vallauris-golf-juan.fr/Musée/Actualité/Picasso.asp

TABLE DES SÉANCES

Modeler avec de la terre

Pages	N° de la séance et intitulé	Durée des séances	Organisation	Matériel
127	**1.** SOLLICITATION DES ÉLÈVES Les matériaux et outils de la poterie	45 min à 1 h 30	Groupe classe	Terre, outils, poteries, carnets de dessin, feutres, appareil photos
128 129	**2.** RÉALISATIONS DES ÉLÈVES • Du bloc à la galette • De la galette à la plaque	1 h 00	Travail individuel	Pains de terre blanche et rouge Planchettes de bois Rouleaux, liteaux
130	**3.** RÉALISATIONS DES ÉLÈVES Modeler la surface (avec les doigts et des outils), faire naître des paysages	1 h 00	Travail individuel ou par groupes de 2	Terre, outils divers
133	**4.** EXPRESSION PERSONNELLE Composer des paysages	45 min	Travail individuel ou par groupes de 2	Terre, outils divers
134	**5.** RÉALISATIONS DES ÉLÈVES Modeler boules et colombins	30 min	Travail individuel	Terre, plaquettes de bois, chiffons
135	**6.** RÉALISATIONS DES ÉLÈVES Monter des colombins	40 min	Travail individuel	Terre, plaquettes de bois, chiffons
136	**7.** RÉALISATIONS DES ÉLÈVES Monter des personnages	40 min	Travail individuel	Terre, plaquettes de bois, chiffons
137 138	**8.** EXPRESSION PERSONNELLE • Volumes en ronde-bosse • Bas-relief collectif	30 min 4 x 1 h 00	Travail individuel Groupe classe	Blocs de terre Terres, engobes colorées, barbotine
139	**9.** LES PROCÉDÉS DES ARTISTES Confrontation d'images	30 min	Groupe classe	Reproductions d'œuvres, posters grand format, diapositives
142	**10.** APPROFONDISSEMENTS Animer la surface	40 min	Ateliers	Terre, outils, objets, végétaux, ficelle, dentelle
144	**11.** APPROFONDISSEMENTS Colorer la terre	40 min	Ateliers	Terre, engobes, barbotine, peintures, cirages
146 148	**12.** EXPRESSION PERSONNELLE • Claustra • Objets à offrir	3 x 1 h 00 2 ou 3 x 30 min	Travail individuel Travail individuel	Terre, tous les outils Terre, tous les outils

Pas à Pas en arts plastiques MATERNELLE

Mosaïques

Remerciements
Je remercie les classes maternelles de l'Ariège et des Pyrénées-Orientales pour leurs magnifiques mosaïques.

Séquence « Sensibilité, imagination, création »

Autour d'une technique : la mosaïque

OBJECTIFS VISÉS :

- Fragmenter puis assembler des morceaux d'un matériau
- Assembler en jouant avec la forme, la couleur et la texture du matériau
- Composer de façon abstraite puis figurative
- Passer du travail individuel au travail collectif
- Expérimenter une technique sur des supports différents
- Connaître et comparer des démarches d'artistes
- Suivre son propre chemin de création

SOLLICITATION DES ÉLÈVES

VIVRE UN JEU DE COMPOSITION

Comprendre une technique de composition

La mosaïque est un assemblage de petits fragments de matériaux divers qui donne une composition abstraite ou figurative dont le but est décoratif. Les élèves ont certainement vu des carrelages à petits carreaux qui recouvrent les murs des salles de bains ou ceux des cuisines, peut-être même ceux de la salle d'eau de l'école. L'observation de ces carrelages muraux parfois multicolores permet de visualiser la juxtaposition d'une même forme sur une grande surface.

Compléter cette observation par un jeu d'assemblage

Distribuer à chaque élève :

- un carré ou un rectangle de papier rigide de petit format ;
- des outils et des médiums variés adaptés à l'âge des enfants et à l'activité de graphisme en cours :

– craies grasses, gros feutres, peinture à doigt pour les plus jeunes,
– cotons-tiges et encre, pinceaux et peinture pour les moyens,
– feutres fins, stylos plume, calames et encre pour les grands ;
ou laisser chacun choisir son matériel pour décorer librement son support.

Rassembler la classe autour d'un grand carton posé sur une table ou au sol. Il va falloir le recouvrir avec les carrés ornés utilisés tels quels ou partagés en quatre morceaux.
Laisser les enfants essayer des propositions et constater avec eux les effets :

- il faut éviter de superposer les fragments pour ne pas cacher des motifs ;
- des intervalles trop importants entre les morceaux créent des vides qui nuisent à la composition ;
- on peut agencer les carrés au hasard ou se donner une règle de jeu, par exemple partir du centre, d'un angle, tourner en spirale, procéder en bandes, en zones, alterner…

Les possibilités de composition étant multiples, il sera difficile d'en sélectionner une qui fasse l'unanimité.
Enduire le support d'une couche de colle et proposer alors aux enfants de coller leur carré les uns après les autres en organisant un tirage au sort.
Faire commenter la production collective et faire prendre conscience qu'elle est à présent définitive, avec ses qualités et ses défauts, et que chaque enfant va pouvoir par la suite composer à sa guise dans un travail individuel.

RÉALISATIONS DES ÉLÈVES

DÉCHIRER PUIS ASSEMBLER DES FRAGMENTS DE PAPIER

Opérations plastiques
- Déchirer, découper
- Juxtaposer
- Coller

Collecter des papiers monochromes ou polychromes de toutes sortes, des affiches en couleurs, des pages de magazines, des fonds préalablement peints par la classe et des papiers cadeau pour constituer un réservoir de matériaux à fragmenter.

Proposer aux enfants de réinvestir individuellement la technique expérimentée collectivement.
- Pour les plus jeunes : déchirer des gros et des petits morceaux, puis les coller au fur et à mesure sur une surface encollée.
- Pour les moyens : déchirer de tout petits morceaux, les trier par couleur, par texture, par graphisme et les coller en les juxtaposant.
- Pour les grands : découper des morceaux intéressants, de forme et de taille différentes, et les agencer au hasard ou en se donnant une règle d'action.

Ces activités sont effectuées individuellement sur un format A4 pour ne pas lasser les participants (car il n'est pas trop long à remplir !).

Donner à voir tous les essais et faire verbaliser les procédés.
- Formes et tailles différentes des fragments.
- Juxtaposition sans intervalle ou avec un intervalle important.
- Gradation d'une même couleur ou alternance de couleurs variées.
- Respect d'un ordre d'action ou jeu de hasard.

Des fragments de papier de nature, de taille et de forme différentes, mais tous verts, sont réunis en laissant apparaître le fond.

Des morceaux de papier sont juxtaposés sans intervalle pour une composition multicolore.

COMPOSITIONS COLLECTIVES :
DES MOSAÏQUES SUR LE THÈME DE LA COULEUR

Opérations plastiques
- Déchirer, découper
- Juxtaposer
- Coller

Les essais préalables sont un réservoir d'idées à explorer lors d'ateliers de 6 à 8 participants consacrés à des réalisations plus dirigées.
Prévoir pour chaque groupe le matériel nécessaire, ici essentiellement le papier de base, le support cartonné et la colle.

Un atelier travaille à rassembler des nuances et des valeurs d'une couleur pour constituer des camaïeux.

Un deuxième atelier recherche les tons clairs et les tons foncés d'une couleur pour jouer l'alternance, la symétrie dans la composition ou la gradation des valeurs. Ici, le groupe est parti du centre pour ordonner les fragments des plus foncés aux plus clairs.

Un troisième atelier joue à accumuler les matières, les textures des fragments d'une même couleur dans un camaïeu tactile et visuel.

D'autres ateliers peuvent prolonger les acquisitions en cours sur la couleur.

Les élèves peuvent fabriquer eux-mêmes les teintes qu'ils appliqueront sur du papier ou sur du carton à déchirer ou à découper pour obtenir les morceaux de leur mosaïque. C'est une bonne occasion d'apprendre ou de réviser les notions de base sur la couleur.

On peut demander aux élèves d'élaborer des mosaïques polychromes qui comporteront simplement deux couleurs (une couleur primaire et sa complémentaire), puis trois couleurs primaires et enfin six couleurs (les trois primaires et leurs complémentaires).

Le travail sur le rangement des valeurs d'une couleur peut se compléter par l'agencement ordonné de morceaux de plusieurs teintes. Les valeurs sont rangées de la plus claire à la plus foncée, en bandes horizontales ou verticales, en zones concentriques à partir du centre ou encore en angle.

COMPOSITIONS COLLECTIVES : DES MOSAÏQUES FIGURATIVES

Opérations plastiques
- Dessiner, agrandir
- Déchirer, découper
- Agencer, remplir
- Coller, peindre, colorier

Les élèves ont envie que leurs assemblages de papiers soient figuratifs.
Leur laisser choisir des formes simples inspirées du thème de vie ou d'étude en cours : les animaux d'un conte, le château que l'on vient de visiter, l'arbre de la cour dont on observe l'évolution…

Pour les plus jeunes : partir des dessins des enfants, choisir avec eux celui qui est le plus abouti, l'agrandir à la photocopieuse et le donner au groupe pour un travail de remplissage de la silhouette.

Ici, les enfants ont rempli le poisson avec des bouts de papiers déchirés, puis ont travaillé librement à la peinture autour de la silhouette.

Pour les moyens : laisser chaque élève assembler sa forme directement avec les fragments de papier.
Leur conseiller de positionner d'abord tous les morceaux de papier sur le support pour visualiser le résultat, permettre des réajustements minimes ou importants, voire un changement radical d'intention. Cette étape préparatoire avant le collage évite des remords auxquels il serait trop difficile d'essayer de remédier.

Chacun a créé le feuillage de son arbre en agençant librement les fragments de papiers verts, puis a complété sa composition en ajoutant le tronc au feutre ou à la peinture.
Les productions ont été observées, comparées, commentées, puis réunies sur un panneau collectif.

Pour les plus grands : proposer à chaque élève de dessiner le sujet qui est à l'étude. Donner à voir toutes les productions, puis sélectionner avec la classe celle qui est la plus réussie. La photocopier pour que chacun puisse la colorier à sa guise.
Rassembler les coloriages individuels et décider ensemble des couleurs définitives de la maquette. Reporter le dessin sur un grand format. Sélectionner des papiers pour leur couleur, déchirer des fragments et les ranger par teinte. Coller les morceaux de papier sur le dessin en respectant les teintes de la maquette.

Un dessin très simplifié est tracé sur le support. Le ciel, le château et le tronc de l'arbre sont peints. Les parties restantes sont ensuite remplies de fragments de carton déjà teinté.

Le château fort est divisé en grandes zones colorées. Les enfants ont peint des papiers pour avoir des nuances et des valeurs de bleu, de vert et de marron et ainsi obtenir une grande richesse de teintes.

Les propositions qui n'ont pas été retenues peuvent cependant devenir, en un clic de la souris, des mosaïques. Pour cela, les photographier avec l'appareil numérique de l'école ou les scanner, puis les stocker dans l'ordinateur.
Utiliser un logiciel comme Paint Shop pour les ouvrir. Cliquer sur l'onglet « Image », sélectionner la rubrique « Filtres spéciaux », puis cliquer encore sur l'option « Mosaïque ». Il suffit alors de déterminer la taille des fragments et de regarder les effets de transformation dans la visionneuse.

EXPRESSION PERSONNELLE

À CHACUN SA MOSAÏQUE

Laisser les enfants s'exprimer librement, de façon abstraite ou figurative, se déterminer pour un support, un format, décider d'employer le papier, le tissu ou d'ajouter des matériaux hétéroclites.

Quelques élèves décident de créer des bouquets de fleurs en découpant les motifs dans des catalogues de jardinage. D'autres découpent des morceaux de tissu et les collent avec de la colle pour textile. Encadrés par une bordure décorative, ils deviendront des petits tableaux à offrir.

Certains se contentent d'appliquer la technique qu'ils connaissent pour décorer des marque-pages, des sacs en papier, les couvertures de leur album ou de leur cahier de vie.

Plusieurs élèves veulent créer des cartes de vœux : ils échangent des morceaux de mosaïque pour jouer les contrastes entre des formes découpées et des fonds très colorés.

Certains recouvrent des boîtes en carton ou des barquettes en polystyrène. Une fois la mosaïque protégée par une couche de vernis ou de colle, ces objets quotidiens se transforment en boîtes à bijoux ou en coupelles.

Quelques-uns mélangent les matières : du papier, du carton, du tissu, des perles, des boutons dans des bordures qui mettent en valeur un miroir ou encore une photographie.

LES PROCÉDÉS DES ARTISTES

C'est le moment de présenter à la classe des reproductions d'œuvres d'art, de faire nommer les matériaux utilisés par les artistes et de décrire les procédés mis en œuvre.

LES MOSAÏQUES DE L'ANTIQUITÉ

Montrer aux élèves des mosaïques qui ornaient le sol ou les murs de riches demeures antiques et qui appartiennent à notre patrimoine national. Elles sont en général composées de tesselles : des petits cubes taillés dans des roches différentes pour varier les couleurs et assemblés par du ciment.

Citons, par exemple, la fameuse *Mosaïque de la Chasse* découverte à Lillebonne (Seine-Maritime), un fleuron du musée départemental des Antiquités de Rouen, celles de Montmaurin en Haute-Garonne, de Montréal-Séviac dans le Gers, de Saint-Sever et de Sorde-l'Abbaye dans les Landes, de Montcaret en Dordogne, de Sens dans l'Yonne et de Saint-Romain-en-Gal dans le Rhône. Mais on peut puiser également dans le patrimoine mondial et présenter les mosaïques d'Herculanum et de Pompéi, celles de Piazza Armerina en Sicile, de Tunisie ou les très beaux ensembles d'Espagne. Les documents d'application des programmes pour l'éducation artistique proposent une liste d'œuvres de référence. Pour la mosaïque, c'est le Calendrier des travaux et des jours de Saint-Romain-en-Gal qui est cité, ainsi que la synagogue de Hamat en Galilée (Israël).

Calendrier des activités rurales, Saint-Romain-en-Gal, début du IIIe siècle après J.-C. Pavement de mosaïques, tesselles de pierre, marbre, verre, 8,86 × 4,48 m, musée des Antiquités nationales, Saint-Germain-en-Laye.

Ces deux scènes de la vie rurale à l'époque gallo-romaine proviennent d'un pavement de mosaïques représentant un calendrier qui décorait le sol d'une maison des alentours de Saint-Romain-en-Gal. Ici, les enfants pourront identifier des travaux agricoles.

ANTONIO GAUDÍ Y CORNET (1852-1926, NÉ À REUS, ESPAGNE)

Gaudí, architecte catalan, est le personnage emblématique de Barcelone. Son chef-d'œuvre, l'église gigantesque de la Sagrada Familia, aux formes et aux textures audacieuses, est resté inachevé, interrompu par l'accrochage tragique de Gaudí avec un tramway sur le chantier. Elle domine, de ses tours vertigineuses aux extrémités recouvertes de mosaïques polychromes, le panorama urbain.

D'autres constructions plus modestes, des maisons ou des palais également excentriques, témoignent de l'imagination débridée de leur concepteur.
Gaudí est le pionnier d'un art nouveau, le modernisme qui prône les formes organiques, inspirées de la nature, et recherche des matériaux nouveaux travaillés avec perfection par des artisans. Il invente les *trencadis*, des morceaux de céramique inégaux, mariés à des tessons de verre et assemblés par son disciple José Maria Jujol.

La Sagrada Familia, par Gaudí, détail des tours, Barcelone.

Banc ondulé du parc Guell, par Gaudí, Barcelone. À la demande d'Eusebio Guell, Gaudí conçoit et dirige le projet du parc.

RAYMOND ISIDORE, DIT PICASSIETTE (1900-1964)

Le travail de Gaudí évoque celui de Raymond Isidore, modeste employé à l'entretien du cimetière de Chartres et indemne de toute culture artistique. En 1938, il achève la construction de sa maison où il vit avec sa femme Adrienne et les trois enfants de cette dernière.

Il raconte lui-même que, lors d'une promenade, il remarqua des petits bouts de verre et des débris de porcelaine jetés au sol. Il les ramassa, attiré par leurs couleurs et leur brillance, et les amoncela dans un coin de son jardin. Il lui vint alors l'idée de les utiliser pour décorer l'intérieur de sa maison.

Il investit ainsi les murs, le sol et le plafond, puis les objets et les pièces de mobilier de chaque salle.

MAISON DE PICASSIETTE, HABITATION PRINCIPALE.

MAISON DE PICASSIETTE, LE SALON : JARDIN D'HIVER.

Après l'intérieur, il entreprend avec la même passion, comme « guidé par un esprit », selon ses propres termes, la décoration des murs extérieurs et de la cour. Il construit une chapelle et une maison d'été, achète le terrain limitrophe dont il orne le jardin. Il finit par édifier deux tombeaux et, enfin satisfait, met un terme à son passe-temps en 1962.

Il fait alors visiter sa maison aux gens qui ont suivi son entreprise et qui, par dérision, l'ont surnommé « Pique-assiettes ». Il meurt deux ans plus tard, la veille de son anniversaire.

La maison est achetée en 1981 par la ville de Chartres, puis classée monument historique.

Elle est considérée aujourd'hui comme l'une des réalisations majeures d'architecture spontanée.

NIKI DE SAINT-PHALLE (1930-2002)

Niki de Saint Phalle, plasticienne française, fait d'abord partie, avec son compagnon Jean Tinguely, des nouveaux réalistes, un mouvement artistique qui privilégie les objets de la consommation comme matériaux de base à explorer. Tinguely construit avec de la ferraille ses fameuses *sculptures-machines* en mouvement. Niki tire à la carabine sur des supports en plâtre où elle a agencé des objets hétéroclites et dissimulé des poches remplies de peinture. Celles-ci éclatent sous l'impact des balles et les couleurs se répandent en coulures pour créer des *tableaux-surprises*.
À partir de 1964, elle réalise ses premières *Nanas*, des sculptures avec du grillage, du papier mâché, du polyester et du tissu. Les *Nanas* sont rondes, superbes, vivement colorées, drôles. Elles vont prendre, avec la collaboration de Tinguely, des dimensions monumentales et se transformer en fontaines, en jeux ou en architectures.

Inspirée, lors d'un voyage à Barcelone, par l'œuvre de Gaudí, elle entreprend, de 1979 à 1993, la construction du « Jardin des Tarots », à Garavicchio, dans le sud de la Toscane, un ensemble de 22 sculptures monumentales dont certaines sont habitables et qui reprennent les arcanes majeurs du célèbre jeu de cartes. Construites en béton sur un support grillagé, elles se couvrent de fragments colorés spécialement créés par la céramiste Venera Finocchiaro. Les intervalles sont comblés par des bouts de verre ou de miroir. Architecture extraordinaire où souffle l'esprit du jeu, du rêve et de la poésie, le jardin est ouvert au public en 1998.

NIKI DE SAINT-PHALLE, *JARDIN DES TAROTS*, GARAVICCHIO, TOSCANE.

APPROFONDISSEMENTS

MOSAÏQUES EN VAISSELLE

Opérations plastiques
- Trier, sélectionner
- Agencer
- Enduire
- Fixer

Solliciter les parents d'élèves pour qu'ils apportent à l'école du carrelage et de la vaisselle ébréchés qu'ils veulent bien sacrifier.
Faire appel également à une entreprise de carrelage qui acceptera certainement d'offrir aux enfants des carreaux et des frises invendables.
Stocker les deux matériaux dans des caisses différentes.

À la fin, ou au fur et à mesure de la collecte, impulser des activités de tri pour chaque matériau : par couleur, par motif… Éliminer les fragments aux bords tranchants qui pourraient présenter un danger lors des manipulations.

- S'intéresser d'abord aux morceaux de vaisselle et voir s'ils peuvent devenir des éléments d'une composition collective, que l'on agence dans un premier temps sur un grand carton posé au sol.
- Se procurer une grande plaque de bois à la dimension voulue.
- Acheter en grande surface (ou chez un marchand de matériaux pour le bâtiment) du ciment-colle en poudre ou prêt à l'emploi en pâte et des spatules pour l'étaler. Le préparer dans un seau en lisant aux enfants les instructions de la notice, excellente occasion de faire un lien vers le domaine du langage.
- Utiliser les outils pour enduire de ciment-colle le support en bois.
- Placer côte à côte le carton et le carré de bois pour transférer les bouts de vaisselle de l'un à l'autre ; opérer une légère pression pour qu'ils adhèrent au ciment.
- Laisser sécher une journée.

La mosaïque est réalisée sur une plaque de bois qui pourra être accrochée ou vissée sur un mur.

MOSAÏQUES EN CARRELAGE

Opérations plastiques
- Choisir, ranger
- Casser
- Agencer
- Enduire, combler
- Ôter, frotter

Faire à présent l'inventaire de la réserve de carrelage. Séparer les morceaux qui peuvent rester tels quels et ceux qui sont trop grands. Mettre deux ou trois grands carreaux à la fois dans un vieux sac en toile, poser le tout sur le sol de la cour. Demander aux enfants de s'emparer à tour de rôle du marteau et de casser le contenu du sac en surveillant la manipulation de l'outil.
Vérifier la taille des fragments et les ranger par couleur dans des caisses.

Procéder comme précédemment pour la vaisselle ; agencer une composition d'abord sur le support en carton, puis la transférer sur le support de bois enduit de ciment-colle. Enfoncer les morceaux en laissant des intervalles étroits. Lorsque la mosaïque est sèche, préparer avec la classe du ciment-joint (que l'on trouve également au rayon bricolage des grandes surfaces). Ajouter, si l'on souhaite colorer les joints, un peu de pigment acrylique en poudre.
Demander à un ou deux élèves d'appliquer à tour de rôle avec la spatule la pâte onctueuse du ciment en ayant soin de combler tous les interstices. Ôter l'excédent avec la spatule, puis avec une éponge humide. Enfin, frotter les carreaux un à un pour les faire briller.

Cette mosaïque géométrique réalisée par les élèves avec des morceaux de carrelage aurait pu être destinée à décorer le seuil de la classe, mais il aurait fallu prévoir son emplacement. Il aurait fallu aussi que les employés municipaux ôtent la surface équivalente du revêtement de sol pour y insérer la mosaïque et éviter les différences de niveaux, toujours gênantes pour circuler. Ce type d'intervention est parfois techniquement trop difficile.

MOSAÏQUES MURALES

Le bois et le sol ne sont pas les seuls supports de la mosaïque. On peut envisager de travailler directement sur un mur. Ce projet, plus ambitieux, permet aux élèves d'agir sur leur environnement architectural et nécessite une mise en œuvre en plusieurs étapes.

Opérations plastiques
- Dessiner, colorier
- Reporter, agrandir
- Trier, sélectionner, ranger
- Agencer
- Enduire
- Fixer

Étape 1 : quel sujet ?

Il faut d'abord déterminer le sujet le plus souvent inspiré par le thème d'étude en cours. Ce peut être « jouer avec les couleurs, les formes que l'on a découvertes en arts visuels ». Dans ce cas, la composition est souvent abstraite. Mais on peut vouloir illustrer un conte, un lieu, un événement et, dans ce cas, la composition est forcément figurative.

Étape 2 : quel mur ?

Le choix du mur conduit les élèves et leur enseignant à porter un regard critique sur leur environnement quotidien. Le plus souvent, ils veulent embellir un mur sale, vieux, triste ou neuf et vide qui a accroché leur regard. Ils ne peuvent agir sans l'autorisation du propriétaire des locaux, en général la mairie. L'espace mural à investir (un mur carré ou tout en longueur...) détermine dans un premier temps les proportions à respecter pour faire des propositions sur papier.

Étape 3 : du travail individuel à la maquette collective

Impulser des recherches individuelles sur le thème choisi. Chaque enfant propose sa solution sur des feuilles de papier de petit format.

Analyser plastiquement les propositions individuelles et retenir les réponses pertinentes, les trouvailles intéressantes ou originales. Sélectionner les éléments à retenir en les matérialisant par une gommette ou les découper. Les mettre en commun dans un dessin collectif. Cette maquette finale en format A3 de mêmes proportions que le mur choisi permet à tous de participer à la mise en place définitive de tous les composants et d'en visualiser la synthèse.

MOSAÏQUES MURALES

Étape 4

Si nécessaire, demander aux services techniques de la mairie de venir nettoyer le support afin de le préparer à recevoir la mosaïque.
Reporter la maquette à l'échelle du mur en utilisant :

- soit des craies à tableau qui permettent d'effacer, de reprendre, de corriger le dessin (protéger le tracé final pour ne pas qu'il disparaisse) ;
- soit une diapositive de la maquette que l'on projette sur le mur à un moment où la lumière du jour n'est pas forte pour repasser à la craie sur les contours du motif.

Étape 5

Photocopier la maquette au format A3 en 4 ou 5 exemplaires. Inventorier les couleurs des carrelages collectés pour déterminer les teintes dont on dispose. Sélectionner des feutres de même couleur que les carrelages qui vont servir à colorier les photocopies et préparer ainsi le rendu final. Donner à voir l'ensemble des propositions, retenir les éléments intéressants, les associations de couleurs les plus réussies pour parvenir à un coloriage définitif.

Trier les fragments de carrelage par teinte, les ranger dans des caisses et les mettre à disposition près du mur.

Organiser des ateliers de 4 ou 5 élèves qui mettront successivement en place la mosaïque sur une portion enduite de ciment-colle, en respectant la palette de la maquette. Prévoir un adulte pour surveiller le bon déroulement des ateliers, la mise en œuvre mais aussi le rangement et le nettoyage.

Pour les mosaïques de grande envergure, il est préférable de bâtir un projet de classe à PAC dans laquelle un céramiste professionnel aidera à la mise en place sur le mur. Il est souhaitable de demander également la participation des autres classes ou du CLAE.

Les enfants de Moyenne Section ont travaillé sur les moments clés de la journée, en particulier l'heure des mamans et des papas. Sur les deux pans de mur qui encadrent l'entrée de l'école, ils ont choisi de figurer ce moment de séparation ou de retrouvailles.

Autre source d'inspiration pour une autre section de Moyens : le thème de la famille, illustré sur le mur de la classe. On a alors dû prendre en compte les particularités du support.

La Grande Section a vécu en danse une expérience forte avec deux intervenants qu'ils ont immortalisés sur le mur extérieur de la salle de motricité.

MOSAÏQUES EN MATIÈRES VARIÉES

Opérations plastiques
- Collecter, trier, ranger
- Enduire
- Juxtaposer
- Fixer

Dans le domaine plastique, il est toujours intéressant d'explorer la gamme des matériaux de base pour enrichir les réalisations. Collecter des matières variées comme des petits bouts de calcaire, de marbre, de schiste, de brique, de verre poli, etc.
Les trier par nature, puis par couleur, pour les intégrer dans les compositions en carrelage.

Des fragments de pierre ocre ou grise, de brique, de verre coloré ajoutent, par leur texture, un effet tactile aux éléments du paysage. Le ciel et la rivière sont figurés avec des petits carreaux bleus. Certains morceaux sont posés à plat sur une couche épaisse de ciment-colle et d'autres sur la tranche qui ne sont pas égalisés par du ciment-joint pour conserver les différences de relief. La mosaïque a d'abord été exécutée à plat sur un panneau de bois qui a été ensuite accroché sur le mur du couloir de l'école.

DES MURS PRÉCIEUX

Opérations plastiques
- Dessiner, agrandir
- Collecter, trier, ranger
- Agencer, assembler
- Transférer
- Enduire
- Fixer

Dans le cadre d'un projet commun, la classe peut décider de décorer le mur de la cour. C'est un support idéal s'il est neuf, bas et facile d'accès. Pour cela, la classe doit d'abord produire une maquette collective qui illustre une histoire inventée par les élèves eux-mêmes. Le dessin définitif est reproduit à la craie puis au feutre sur un grand carton posé sur le sol de la salle de jeux.

Chaque enfant vote pour s'occuper d'un élément de la composition. L'enseignant organise des binômes ou des groupes de 3 ou 4 participants.
Il impulse une collecte de carrelage qu'il élargit à d'autres matériaux encore. Les enfants apportent des « trésors » : des billes, des perles, des boutons, des capsules, des morceaux de verre polis, des cailloux plats et lisses, des coquillages… qu'ils trient puis rangent dans des caisses.

Chaque groupe dessine sur un carton l'élément dont il est chargé, essaie les matériaux qui sont à sa disposition, puis présente son choix.
Les propositions sont soigneusement rangées car les fragments ne sont pas collés.

Dans un deuxième temps, la moitié de la classe transporte ses essais et les transfère sur le grand dessin posé au sol. Les éléments du centre sont d'abord remplis, puis c'est au tour des motifs périphériques.

La classe visualise l'ensemble de la réalisation et procède à des retouches et à des échanges de matériaux. Par sécurité, la composition est photographiée dans son ensemble et avec les détails des motifs.
La mise en place sur le mur s'effectue par ateliers successifs. Chaque groupe, à tour de rôle, récupère les matériaux de son motif et les replace sur la portion de mur enduite de ciment-colle en s'aidant de la photographie.

Petit à petit, la mosaïque prend corps sous la surveillance d'un adulte. Elle donnera lieu à un vernissage lors de la fête de l'école.

D'AUTRES SUPPORTS POUR LA MOSAÏQUE : **PETITS VOLUMES**

Opérations plastiques
- Modeler
- Intégrer, enfoncer
- Fixer

Le sol et le mur ne sont pas les seuls supports de la mosaïque ; elle peut se dérouler sur un pilier, sur un banc, sur une table, une chaise, mais aussi sur des volumes créés par les enfants.

Après la lecture d'un album sur un animal, les élèves l'ont dessiné puis peint.
Pourquoi ne pas passer à présent de l'à-plat au volume ?
Distribuer à chaque enfant une tranche d'un pain d'argile ou de la pâte à modeler. Leur demander de modeler l'animal librement.
Donner à voir toutes les productions tant qu'elles sont fraîches pour les apprécier et permettre à chacun de retoucher, de modifier, de perfectionner son modelage. Les comparer avec les dessins des élèves, puis avec des photographies de l'animal.
Conserver les volumes après les avoir humidifiés avec un vaporisateur et mis sous des chiffons humides ou du plastique.

Chaque enfant choisit, parmi les fragments de carrelage ou de vaisselle, ceux dont la forme, la taille (si nécessaire, recasser les morceaux) et la couleur lui plaisent pour les intégrer à sa sculpture.
Enfoncer les morceaux dans le matériau encore mou en les collant à la barbotine, un mélange d'eau et de terre fine.
Si la terre a trop séché, les fragments seront alors collés en relief avec du ciment en pâte (et non enfoncés).

D'AUTRES SUPPORTS POUR LA MOSAÏQUE : GRANDS VOLUMES

Opérations plastiques
- Dessiner
- Assembler
- Envelopper
- Recouvrir

La classe préférera peut-être se lancer dans l'élaboration d'une sculpture de grande envergure.
À partir de leurs dessins préparatoires, les enfants décomposent l'animal en volumes simples : une grosse boule pour le corps, une plus petite pour la tête, un cylindre pour les pattes et le cou. Ils élaborent les différentes parties du corps en bourrant des poches en matière plastique avec du papier froissé, du tissu. L'enseignant se sert de ces sortes de gabarits pour les envelopper de grillage fin et souple. Il peut également façonner directement les éléments et les assembler avec du fil de fer.

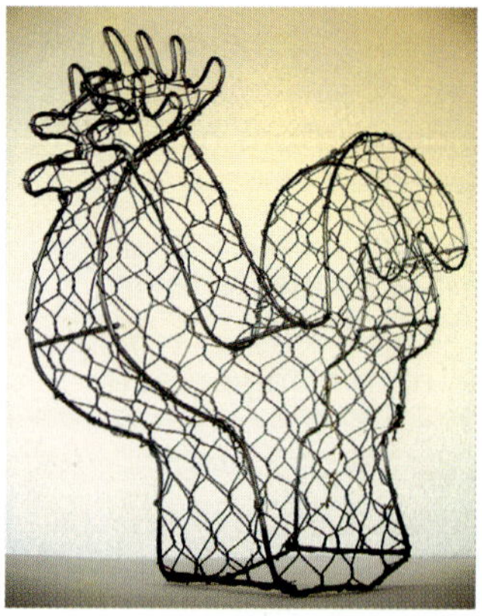

Que le grillage soit à petites ou à grosses mailles, les élèves doivent les boucher en y collant de longues bandes de papier trempées dans de la colle à tapisserie.
Si le grillage est très fin, type grillage en aluminium, ils peuvent l'enduire à la spatule d'une couche de ciment-colle en pâte.
Dans les deux cas, la structure est alors prête à recevoir son décor de mosaïque.

La structure grillagée de cette tortue géante repose sur un cadre en bois. La mosaïque est composée de morceaux de papier à motifs peints par les enfants et de carrés de miroirs. Elle aurait pu comporter aussi des fragments de carrelage.

DES MOSAÏQUES DE TOUTES SORTES

Laisser chaque enfant concevoir son projet personnel : réunir avec lui les outils et les matériaux nécessaires et l'aider à le mener à bien.

Beaucoup composent une mosaïque lisse, en carrelage, abstraite ou figurative, qui pourra servir de dessous de plat.

Quelques-uns utilisent la vaisselle cassée pour réaliser des tableaux en relief.

La plupart se contentent de produire sur des rectangles de bois des mosaïques figuratives colorées.

Un élève crée un très grand médaillon décoré sur ses deux faces et qui sera suspendu en mobile.

Certains, séduits par les matières hétéroclites, jouent avec leurs formes, leurs couleurs et leurs éclats.

D'autres, enfin, apportent un pot en terre de la maison pour s'en servir de support.

LES PROCÉDÉS DES ARTISTES

Montrer aux élèves des reproductions d'œuvres des artistes pointillistes. La plupart d'entre elles sont exposées au musée d'Orsay et on peut les retrouver facilement sur le site du musée.
Observer les zones colorées avec une loupe ou jouer à s'en approcher très près, puis à reculer pour constater le mélange optique.

GEORGES SEURAT (1859-1891)

Georges Seurat, *Le Cirque*, 1890-1891.
Huile sur toile, 186 x 151 cm, musée d'Orsay, Paris.

La technique de la mosaïque, peinture de pierres, évoque celle des peintres pointillistes.
Ce mouvement pictural qui suit l'impressionnisme tient compte des récentes découvertes sur la lumière, en particulier des théories scientifiques d'Eugène Chevreul. Des artistes comme Georges Seurat, Paul Signac, Camille Pissarro, Henri-Edmond Cross et Maximilien Luce juxtaposent sur leurs toiles des milliers de petits points de couleurs pures. Les couleurs ne se mélangent plus sur la palette, mais dans l'œil du spectateur dès qu'il est à une certaine distance de la toile, conservant ainsi toute leur intensité.

Dans ce tableau, le jaune, couleur dominante, est intensifié dans les parties sombres par la présence de sa complémentaire, le violet. Le violet n'est pas préparé par l'artiste puis posé sur la toile : il est composé de petits points rouges et bleus dont la taille et la fréquence sont calculées pour permettre un mélange optique. Vus de loin, les points colorés se fondent pour donner une masse chromatique.

ROBERT DELAUNAY (1885-1941)

Georges Seurat est le fondateur du pointillisme, une technique d'expression presque scientifique. Plus tard, d'autres artistes comme André Derain, Jean Metzinger et Robert Delaunay reprendront les théories divisionnistes de Seurat sur la couleur, mais refuseront que la touche réduite au point se fasse oublier. Ils poseront les couleurs en aplats carrés ou rectangulaires qui ne pourront plus se mélanger optiquement, mais existeront en interaction. Certaines œuvres ressembleront parfois à s'y méprendre à des mosaïques de tesselles.

Rôbert Delaunay, *Portrait de Metzinger (« L'Homme à la tulipe »)*, 1906.
Collection Arnold Saltzman, New York.

PROLONGEMENT

LE POINTILLISME, UNE MOSAÏQUE DE COULEURS

Opérations plastiques
- Remplir, saturer
- Juxtaposer
- Tapoter, projeter

Essayer la technique des petits points en ateliers.

Pour les enfants de Petite Section, remplir des formes simples en testant des outils variés comme le coton-tige, le pochoir ou le doigt.

Proposer, cependant, de réussir le mélange optique en utilisant la technique de la peinture à la bruine.
Tremper une brosse à dents dans une couleur primaire, rebrousser les poils pour projeter de fines éclaboussures et bien laisser sécher. Procéder de même avec une seconde brosse et une autre couleur fondamentale.

Pour les Moyens, remplir la forme avec l'outil que l'on préfère. Tapoter d'abord une couleur primaire, laisser sécher, puis ajouter des points d'une seconde teinte primaire. Reculer pour voir si le mélange optique fonctionne. Le plus souvent, comme ici, les points sont trop gros et il faut tricher en insérant des touches de vert, un bonne solution qui permet aux élèves de fabriquer les couleurs secondaires.

Pour les plus grands, mettre en couleurs certaines parties de leurs dessins en juxtaposant des petits points au feutre, puis d'autres parties avec des touches géométriques.

INTERDISCIPLINARITÉ

QUELQUES IDÉES D'ACTIVITÉS INTERDISCIPLINAIRES AUTOUR DU THÈME DE LA MOSAÏQUE : UNE OU PLUSIEURS PISTES À CHOISIR JUDICIEUSEMENT

Le langage au cœur des apprentissages

- Reconnaître et nommer les matériaux et les outils spécifiques au travail de la mosaïque
- Caractériser la couleur du matériau par un adjectif qualificatif
- Comprendre la fonction d'un texte écrit lu par l'enseignant, comme la notice de préparation du ciment-colle ou du ciment-joint ; savoir reformuler les étapes de leur fabrication
- Utiliser le vocabulaire spécifique aux arts visuels (savoir dire les opérations plastiques menées)
- Parler de son travail et de celui des autres pour dégager des constats
- Établir des rapprochements entre une œuvre d'artiste et sa production personnelle

Découvrir le monde

DÉCOUVERTE SENSORIELLE

- Explorer les qualités tactiles et les caractéristiques visuelles des matériaux collectés pour la mosaïque (couleurs, intensités, oppositions, textures…)

EXPLORATION DU MONDE DE LA MATIÈRE

- Découvrir les propriétés de matériaux comme la pierre, le carrelage, la céramique en agissant sur eux (les transporter, les casser, les assembler, les fixer)

DÉCOUVERTE DU MONDE VIVANT

- Observer des animaux et des végétaux pour les figurer dans les compositions en mosaïques, les retrouver en images dans des albums

LE TEMPS QUI PASSE

- Découvrir des objets ou des réalités du passé à partir de reproductions de mosaïques antiques
- Bâtir une mosaïque-calendrier sur le thème des saisons

Gros plan sur le temps qui passe

CONSTRUIRE LA MOSAÏQUE DES SAISONS

Mosaïque d'une saison

Rassembler les élèves au coin « écoute ». Rappeler, sur le calendrier de la classe, le jour et le mois en cours. Faire préciser la saison.
Demander à chaque enfant de réfléchir quelques instants et d'évoquer par une phrase la saison en question. On pourra faciliter la mise en mots par une formule inductrice du type : « *L'automne, ça me fait penser à…* » ou « *Quand je pense à l'automne, je pense à…* ».
Noter au tableau les mots clés au fur et à mesure, chaque enfant venant inscrire son prénom ou son symbole à côté. Relire l'ensemble des substantifs.
Par exemple, pour l'hiver :

- *froid* ;
- *neige* ;
- *ski* ;
- *luge* ;
- *vacances* ;
- *gants* ;
- *montagne* ;
- *cheminée* ;
- *père Noël* ;
- *Noël* ;
- *dinde aux marrons* ;
- etc.

Les mots utilisés par les enfants peuvent être réunis sur un fond coloré.

Essayer de faire un premier tri : les mots de la famille des loisirs, de la météo, des fêtes…
Préparer sur une table des albums sur le thème de la saison. Laisser les enfants les feuilleter pour qu'ils enrichissent leur stock d'images.
Revenir au coin « écoute » et enrichir le réservoir des mots.

Distribuer des carrés de papier de même format. Préparer des crayons de couleur, des feutres, des craies grasses. Chaque enfant doit illustrer son mot.
Donner à voir l'ensemble des réalisations.
On doit pouvoir reconnaître le mot de chacun.
Trier les illustrations par thèmes.

Proposer de constituer au sol, sur un grand carton, une mosaïque de la saison.
On peut agencer les carrés au hasard ou structurer, ordonner la composition autour d'un carré central (s'inspirer, par exemple, de la mosaïque antique du Calendrier des travaux agricoles de Saint-Romain-en-Gal).

Mosaïque des quatre saisons

Procéder de même pour les autres saisons, puis réunir les quatre mosaïques sur un mur.

Documentation pour l'enseignant

FICHE

La mosaïque : une technique, un art

La mosaïque est complémentaire de la maçonnerie. Elle protège un sol ou un mur, ce qui explique qu'on la trouve dans des cours à ciel ouvert, autour de bassins et de fontaines, dans des lieux exposés à l'humidité ou qu'il faut fréquemment nettoyer à grande eau.
Longtemps considérée comme un art secondaire, les mosaïstes restaient le plus souvent anonymes et se contentaient d'exécuter d'après une image. Ils étaient d'ailleurs payés comme les maçons et très peu représentés en action. Seul un relief montre à Ostie, en Italie, un tailleur de tesselles.

À l'origine, dans le monde grec, les mosaïques sont composées de petits galets ronds, blancs, gris ou noirs qui donnent des images plates. L'ajout de galets jaunes et rouges et de minces lames de plomb pour souligner les traits du dessin apporte des effets de relief spectaculaires. Le répertoire est déjà très varié : motifs géométriques, végétaux, combats d'animaux réels ou fantastiques, scènes mythologiques ou de la vie quotidienne.

Plus tard, à partir du IIIe siècle avant J.-C., on utilise des tesselles, des petits cubes parfois minuscules qui permettent de réduire les joints et d'obtenir une image moins morcelée. On diversifie les matériaux à tailler : le marbre, le schiste, le calcaire, le granite, les pierres semi-précieuses, pour enrichir la gamme des coloris. Les pâtes de verre coloré, introduites plus tardivement, transforment la mosaïque en une véritable peinture de pierres.
Le support est enduit d'une couche de ciment strié pour accrocher une seconde couche en plâtre tendre sur laquelle on reporte le dessin à exécuter. On enlève le plâtre par petites zones et on le remplace par du mortier dans lequel on plante les tesselles.

L'Empire romain regorge de vestiges de somptueuses villas aux pavements de tesselles qui accompagnent les murs peints. Citons seulement celles de Pompéi, en Italie, ou de Piazza Armerina, en Sicile. Les sujets présentent des scènes de la mythologie, glorifient les travaux agricoles et les richesses de la nature ou racontent des spectacles théâtraux ou sportifs.

Pavement d'une antichambre mis à jour à Montmaurin, Haute-Garonne.

Le détail de la bordure abîmée permet de comprendre la pose directe des tesselles sur le mortier.

FICHE

La mosaïque : une technique, un art

À la fin du IIIe siècle après J.-C., la mosaïque envahit les murs des églises chrétiennes et est à son apogée dans l'Empire byzantin, en particulier à Ravenne.
On assiste, à la Renaissance, au déclin de cette technique au profit d'autres comme la peinture à fresque ou sur du stuc.

Il faudra attendre le XXe siècle pour la voir de nouveau renaître et s'unir avec l'architecture.
L'architecte Antonio Gaudí l'utilise très librement à Barcelone. Des peintres célèbres comme Léger, Chagall, Bazaine, Braque, Vasarely et Delaunay créent des cartons aux sujets très différents des modèles antiques. Des mosaïstes les exécuteront sur les murs d'édifices publics ou religieux.
La technique s'est considérablement modernisée. On utilise un filet en fibres de verre et de la colle pour composer des carrés de mosaïques qu'il suffira ensuite de transférer au mur.

Des artistes contemporains comme Arman s'approprient la technique pour réaliser des œuvres à partir d'éclats de porcelaine. L'Américain Julian Schnabel assemble sur de grands supports en bois des fragments d'assiettes et de divers matériaux qu'il lie à coups de pinceaux. Il fragmente, morcelle ainsi la représentation du sujet dans des tableaux qu'il nomme *plate paintings*, « peintures d'assiettes ».

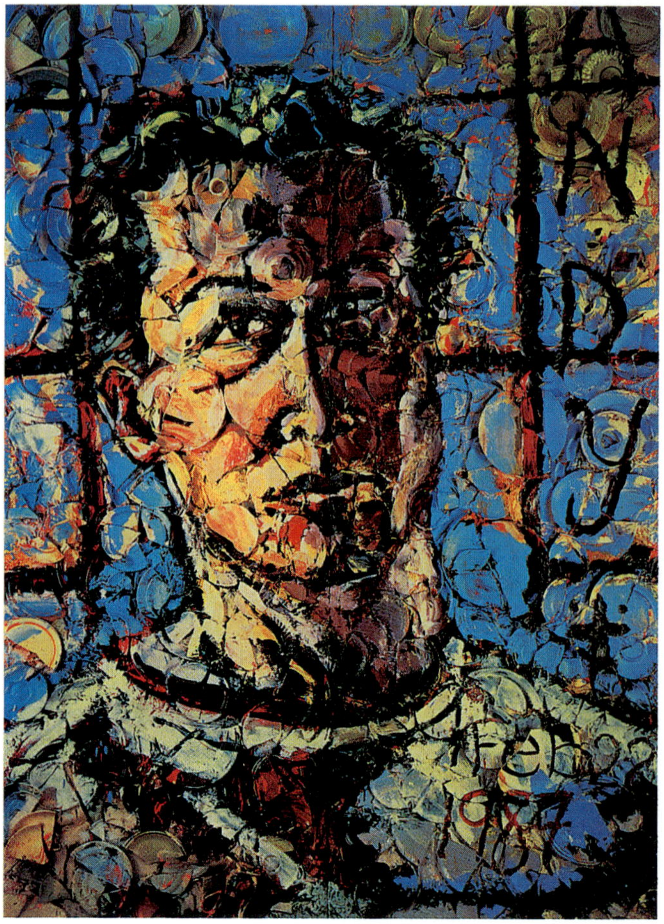

JULIAN SCHNABEL,
SELF-PORTRAIT IN ANDY'S SHADOW, 1987.
HUILE ET ASSIETTES SUR BOIS,
183 X 260 CM, THE BROAD ART FOUNDATION, SANTA MONICA.

Bibliographie

AUTOUR DE LA PÉDAGOGIE DES ARTS VISUELS

Daniel Lagoutte, *Enseigner les arts visuels*, Hachette Éducation, coll. « Pédagogie pratique », 2002.

Claude Reyt, *Les Arts plastiques à l'école*, Armand Colin, 1998.

L'Éducation artistique à l'école, MEN/Direction des Écoles/CNDP/Savoir-Livre, diffusion Hachette Éducation, 1993.

Nicole Morin, *Des techniques au service du sens*, CRDP Poitou-Charentes, 2004.

AUTOUR DU THÈME DE LA MOSAÏQUE

Élisabeth Doumenc, Monique Subra, *Peindre sur les murs*, Sedrap, 1999.

Tessa Hunkin, *Mosaïques contemporaines, techniques et créations*, Eyrolles, 2003.

Emma Biggs, *Techniques de la mosaïque*, Eyrolles, 2000.

Elaine Goodwin, *La Mosaïque, motifs et modèles inspirés par 6 000 ans d'histoire*, Eyrolles, 2002.

Deborah Schneebeli-Morell, Gloria Nicol, *Mosaïques de galets*, 2003.

Irène Lassus, Marie-Anne Voituriez, *Initiation à la mosaïque*, Dessain et Tolra, 2002.

Mosaïques, Mango Jeunesse, coll. « Mes petits ateliers », 2002.

Meera Lester, Marsha Janda-Rosenberg, *Le Monde de la mosaïque*, Éditions de Saxe, 2004.

La Mosaïque facile, Éditions de Saxe, 2005.

Georges Delobbe, *Mosaïques de l'Antiquité gréco-romaine*, Périscope / Pemf, coll. « Traces », 2000.

AUTOUR DES ŒUVRES PRÉSENTÉES AUX ENFANTS

Claude et Clovis Prevost, *Picassiette*, Le Chêne, Paris, 1978.

Le Paradis terrestre de Picassiette, Éditions Encre, Paris, 1979.

Paul Fuks, *Picassiette, le jardin d'assiettes*, Ides et Calendes, 1992.

Edgardo Franzosini, *Monsieur Picassiette*, Lattès, Paris, 1998.

Massin, Michel Ragon, *Picassiette*, Hoëbeke, 2001.

Jacques Verroust, *Les Inspirés du bord des routes*, Le Seuil, 1978.

« Les univers de Picassiette et de Chomo », *in Violons d'Ingres*, recueil de diapositives, CNDP, 1981.

SITES INTERNET

Pour voir des photos des réalisations de Gaudí :
www.gaudi.2002.bcn.es/ (rubrique « Gaudí en images »).
www.geocities.com/SoHo/7745/galeriza.htm
www.gaudi.ifrance.com/vie.htm

Pour voir des photos de la maison de Picassiette et des renseignements sur sa visite :
www.ville-chartres.fr (rubriques « Culture », puis « Musées » et enfin « La Maison Picassiette »).

Pour voir des photos du Jardin des Tarots de Niki de Saint-Phalle :
nikidesaintphalle.com
karaart.com/saint.phalle/tarots/fr/cartes.html

TABLE DES SÉANCES

Mosaïques

Pages	N° de la séance et intitulé	Durée des séances	Organisation	Matériel
161	**1.** SOLLICITATION DES ÉLÈVES Jeu d'assemblage et de composition	1 h 00	Groupe classe	Carrés de papier, outils scripteurs variés
162	**2.** RÉALISATIONS DES ÉLÈVES Avec des fragments de papier	45 min	Travail individuel	Papiers de diverses natures et couleurs, tissus, cartons, colle
163	**3.** RÉALISATIONS DES ÉLÈVES Mosaïques de papier dirigées : sur le thème de la couleur	45 min	Ateliers	Papiers divers, colle
165	**4.** RÉALISATIONS DES ÉLÈVES Mosaïques figuratives	45 min 3 x 1 h 00	Travail individuel Collectif pour les GS	Papiers divers, colle
167	**5.** EXPRESSION PERSONNELLE À chacun sa mosaïque	1 h 30	Travail individuel	Papiers divers, tissus, objets hétéroclites, boîtes, colle
169	**6.** LES PROCÉDÉS DES ARTISTES Confrontation d'images	30 min	Groupe classe	Reproductions d'œuvres, posters grand format, diapositives
173	**7.** APPROFONDISSEMENTS Avec de la vaisselle	1 h 30	Groupe classe	Vaisselle sacrifiée, plaque de bois, ciment-colle
174	**8.** APPROFONDISSEMENTS Avec du carrelage	1 h 30	Groupe classe	Carreaux récupérés, ciment-colle, ciment-joint, plaque de bois ou sol
175	**9.** APPROFONDISSEMENTS Mosaïques murales	*En fonction du projet*	Groupe classe puis ateliers	Carreaux, vaisselle, objets hétéroclites, pierres, ciment-colle.
178	**10.** APPROFONDISSEMENTS Mosaïques en matières variées	2 h 00	Groupe classe	Cubes de pierre, briques, cailloux, tesselles, ciment-colle, plaque de bois
179	**11.** APPROFONDISSEMENTS Murs précieux	Au moins 20 h 00	Groupe classe puis ateliers	Pierres, carreaux, perles, boutons, coquillages…, ciment-colle, peinture
181	**12.** APPROFONDISSEMENTS D'autres supports	*En fonction du projet*	Groupe classe puis ateliers	Carreaux, miroirs, papiers, terre, grillage, ciment-colle
183	**13.** EXPRESSION PERSONNELLE Des mosaïques de toutes sortes	1 h 30	Travail individuel	Plaques de bois, pots de terre, vaisselle, carrelage, objets hétéroclites, ciment-colle
185	**14.** LES PROCÉDÉS DES ARTISTES Confrontation d'images	30 min	Groupe classe	Reproductions d'œuvres, posters grand format, diapositives
186	**15.** PROLONGEMENT Le pointillisme	45 min	Travail individuel	Peinture, feutres, pochoirs, cotons-tiges, brosses à dents

Imprimé en France par IME
Dépôt légal 71045/04/2006 - Collection 37 - Édition 01
17/0910/5